玺承电商教育系列丛书

电商企业
经营精髓 上册

E-Business Operation

孙清华（大圣）著

中国经济出版社
CHINA ECONOMIC PUBLISHING HOUSE
·北京·

图书在版编目（CIP）数据

电商企业经营精髓. 上册 / 孙清华著. -- 北京：中国经济出版社，2024.4

（玺承电商教育系列丛书）

ISBN 978-7-5136-7712-7

Ⅰ.①电… Ⅱ.①孙… Ⅲ.①电子商务 - 经营管理 Ⅳ.① F713.365.1

中国国家版本馆 CIP 数据核字（2024）第 068122 号

责任编辑　牛慧珍
责任印制　马小宾
封面设计　任燕飞

出版发行	中国经济出版社
印 刷 者	河北宝昌佳彩印刷有限公司
经 销 者	各地新华书店
开　　本	710mm×1000mm　1/16
印　　张	14.25
字　　数	170 千字
版　　次	2024 年 4 月第 1 版
印　　次	2024 年 4 月第 1 次
定　　价	68.00 元

广告经营许可证　京西工商广字第 8179 号

中国经济出版社　网址 http://epc.sinopec.com/epc/　社址 北京市东城区安定门外大街 58 号　邮编 100011
本版图书如存在印装质量问题，请与本社销售中心联系调换（联系电话：010-57512564）

版权所有　盗版必究（举报电话：010-57512600）
国家版权局反盗版举报中心（举报电话：12390）　　服务热线：010-57512564

前 言
PREFACE

在充分竞争的电商市场，价格战此起彼伏，电商的利润越来越薄。作为电商，我们如何突出重围，在市场上占有一席之地，并获得可观利润，是每个电商人需要思考的问题。

我深耕电商培训多年，与很多行业、不同规模的电商老板有过深入的接触，所以了解他们各自的经营心得，以及企业经营的难点。经过长期的思考和总结，我逐渐形成了关于电商企业经营的一套实战体系，即八大系统——看清市场、选对赛道、定准利润、做强产品、做大流量、做新视觉、做稳布局、放大渠道。

这八大系统可以说是电商企业经营的底层逻辑。不论做什么，只有掌握事物的底层逻辑，才能站得高、看得远。作为电商人，一定要有掌握底层逻辑的意识，并不断地学习，最终形成自己的一套经营企业的逻辑。

八大系统本身有很强的内在逻辑，每个系统都有特定的价值，环环相扣，缺一不可。

看清市场就是找到能赚钱的市场，这是电商企业经营的第一步，也是最核心的一步。

选对赛道就是在目标市场找到合适的对手，并建立赛道竞争优势。

定准利润就是做到低成本高利润，这涉及定价方法和成本控制。

做强产品就是通过18种产品创新和升级的方法，做出强势精品。

做大流量就是掌握流量密码，通过引爆流量，把产品打造成爆款。

做新视觉就是不断升级产品的视觉，激发产品的第二生命力。

做稳布局就是复制单店的成功，实现多用户、多产品、多店铺、多平台的可持续发展。

放大渠道就是进一步做好渠道的布局，通过多渠道运营，放大企业的经营业绩。

在我日常的电商培训中，八大系统的课程非常受欢迎，解决了很多电商企业的经营难题。这次应出版社的邀请，将八大系统的内容浓缩成书，正好与《电商老板管理精髓》（上、下册）形成联系紧密的姐妹篇，也算一桩美事。

希望大家能够把这八大系统的内容掌握好，慢慢地消化，到最后你会发现，你的收获是巨大的。

目 录
CONTENTS

第一章 看清市场 /001

选择大于努力，找到赚钱的蓝海市场

一、赚钱之道 /003
二、赚钱之理 /007
三、找到赚钱入口 /010
四、蓝海市场的本质 /015
五、蓝海市场挖掘方法一：品类全景蓝海法 /019
六、蓝海市场挖掘方法二：TOP 布局蓝海法 /024
七、蓝海市场挖掘方法三：类目列表蓝海法 /027
八、蓝海市场挖掘方法四：专业门槛蓝海法 /030
九、蓝海市场挖掘方法五：类目平移蓝海法 /032
十、蓝海市场挖掘方法六：展会寻新法 /035
十一、蓝海市场挖掘方法七：痛苦差评蓝海法 /039
十二、蓝海市场挖掘方法八：抖音数据蓝海法 /042
十三、蓝海市场挖掘方法九：其他独立平台蓝海法 /046

十四、蓝海市场挖掘方法十：价格反向蓝海法　　　　　　/050

十五、容易赚钱市场的画像一：价格未完全分化的弹性
　　　市场　　　　　　　　　　　　　　　　　　　　　/052

十六、容易赚钱市场的画像二：产品有待翻新的市场　　　/054

十七、容易赚钱市场的画像三：可平移的市场　　　　　　/056

十八、容易赚钱市场的画像四：信息严重不对称的市场　　/058

十九、容易赚钱市场的画像五：竞争不充分的市场　　　　/061

二十、容易赚钱市场的画像六：品牌延展空白的市场　　　/063

二十一、容易赚钱市场的画像七：行业集体厚利的市场　　/065

二十二、赚钱与亏钱的根源分析　　　　　　　　　　　　/067

第二章　选对赛道　/069

分析竞争对手，找到多快好省的赛道

一、认识优质赛道　　　　　　　　　　　　　　　　　　/071

二、参考全国对手　　　　　　　　　　　　　　　　　　/073

三、找到对标对手　　　　　　　　　　　　　　　　　　/077

四、剖析竞争对手　　　　　　　　　　　　　　　　　　/081

五、学会错位竞争　　　　　　　　　　　　　　　　　　/083

六、赛道剖析地图　　　　　　　　　　　　　　　　　　/085

七、赛道剖析地图中的产品分析　　　　　　　　　　　　/088

八、赛道剖析地图中的用户分析　　　　　　　　　　　　/092

九、赛道剖析地图中的需求点分析　　　　　　　　　　　/094

十、学会赛道跨界　　　　　　　　　　　　　　　　　　/097

十一、赛道竞争的阶段性变化　　　　　　　　　　　　　/099

第三章　定准利润　/103

树立正确的定价思维

一、电商企业的三张表　　　　　　　　　　　　/105
二、以利润为核心来把控经营　　　　　　　　　/109
三、坚持低成本高利润的动态发展逻辑　　　　　/111
四、如何动态地控制成本　　　　　　　　　　　/114
五、定价的本质　　　　　　　　　　　　　　　/117
六、错误的定价逻辑　　　　　　　　　　　　　/121
七、正确的定价逻辑　　　　　　　　　　　　　/125
八、定价的七个原则　　　　　　　　　　　　　/129
九、性价比爆款定价法　　　　　　　　　　　　/134
十、最大化利润定价法　　　　　　　　　　　　/137
十一、最大化展现定价法　　　　　　　　　　　/139
十二、最综合黄金定价法　　　　　　　　　　　/142
十三、电商价格战解析　　　　　　　　　　　　/146
十四、不降价价格战打法　　　　　　　　　　　/152

第四章　做强产品　/159

18种产品升级法，做出强势精品

一、强产品的四个特点　　　　　　　　　　　　/161
二、产品升级的总思路　　　　　　　　　　　　/164
三、材质构成：微创新＋微升级　　　　　　　　/167
四、成分构成：微创新＋微升级　　　　　　　　/169

五、配方元素：微创新 + 微升级　　　　　　　　　　/172

六、使用功能：微创新 + 微升级　　　　　　　　　　/174

七、用后功效：微创新 + 微升级　　　　　　　　　　/177

八、工艺工序：微创新 + 微升级　　　　　　　　　　/179

九、生产标准：微创新 + 微升级　　　　　　　　　　/182

十、结构造型：微创新 + 微升级　　　　　　　　　　/185

十一、场景特别：微创新 + 微升级　　　　　　　　　/189

十二、时间特别：微创新 + 微升级　　　　　　　　　/192

十三、地域特别：微创新 + 微升级　　　　　　　　　/195

十四、文化艺术：微创新 + 微升级　　　　　　　　　/198

十五、发明创造：微创新 + 微升级　　　　　　　　　/202

十六、颜值设计：微创新 + 微升级　　　　　　　　　/204

十七、色彩设计：微创新 + 微升级　　　　　　　　　/207

十八、风格设计：微创新 + 微升级　　　　　　　　　/210

十九、开箱体验：微创新 + 微升级　　　　　　　　　/213

二十、附加服务：微创新 + 微升级　　　　　　　　　/217

01 第一章 看清市场 MARKET ANALYSIS

「选择大于努力，找到赚钱的蓝海市场」

电商企业经营精髓（大圣版权所有）

突出重围

- 看清市场：选对赛道 / 定准利润 / 做强产品
- 战略单品：第一 / 唯一 / 专一 / 心智
- 极致极致
- 稀缺稀缺稀缺
- 反向注意烙印 / 新感
- 超级价值：做大流量 / 做新视觉 / 做稳布局 / 放大渠道

> 看清市场是电商企业经营的第一步，也是最核心的一步。只有看清楚才能干明白，想不清楚肯定干不明白。大多数企业的第一桶金就是找到了一个赚钱的市场。选择了对的市场，就赚到了钱，而不是因为多么聪明与努力赚到了钱，这叫选择大于努力。
>
> 你做一个项目能不能赚到钱，首先要把赚钱的市场分析出来。市场没钱赚，你再努力也赚不到钱，这点很重要。
>
> "看清市场"这个系统的价值就是教会你如何快速找到蓝海市场，如何准确判断赚钱市场，如何永远站在盈利市场。

一、赚钱之道

> 何谓轻松赚钱？靠势赚钱，不是靠事赚钱，即轻松赚钱。
>
> ——大圣老师

赚钱之道的"道"，就是赚钱的底层逻辑。学习就是由道及理，由理及法，由法及术，由术及技巧。只学赚钱的技巧，不懂赚钱的底层逻辑，很难持续赚到钱。

赚钱市场一定是以小博大的市场，如果投入100万元才能赚1万元，那这种市场就不能碰，它的赚钱投产比太低了，没有赚钱的价值。

首先我们要有一个基本的认知，就是势场大于市场，趋势在帮我们赚钱。很多老板做起来之后，都会说一句话——我赚钱是靠运气。很多人说这是谦虚，其实不是谦虚，如果你认识不到你赚钱是靠运气的，那么当你的实力变强之后，你就认为自己什么都能干，就可能让企业陷入困境。没有谁是什么都能干的，你一定是抓住了市场机会，靠市场的趋势赚到了钱。

企业最理想的状态就是持续赚钱，也就是说企业的投产比是可以确定的。永远在一个以小博大的市场，永远在一个投入10万元就能赚50万元、投入100万元就能赚500万元的市场，你就可以持续赚到钱。这里有一个关键词，叫确定性。确定性可以理解成未战而先胜，没打之前我就知道我能打赢，没干之前我就知道我有机会赚钱。如果你进入一个市场前是懵懂的，没有这种未战而先胜的确定性，那你很可能会亏钱的。

1. 市场的五个阶段

	我们能赚什么钱？	
市场诞生期	赚快钱	一夜暴富
市场成长期	赚大钱	一做就富
市场分化期	赚小钱	一项致富
市场成熟期	赚点钱	一心想富
市场垄断期	赚毛钱	一小撮富

从赚钱状态讲，一个市场分为五个阶段，即市场诞生期、市场成长期、市场分化期、市场成熟期、市场垄断期。市场诞生期赚快钱，一夜暴富的人最多。

随着市场的整体成长，各种赚钱的资源都汇聚到一起，支付条件、快递条件有了，市场成长期就到来了，这时就是赚大钱的时候，叫一做就富。

接下来就是市场分化期。随着市场机会变少、红利消失、竞争饱和，企业开始差异化，有人做细分市场，有人做垂直人群，这时就是赚小钱的时候，大钱开始赚不到了。

到了市场成熟期，竞争格局已定，企业就只能赚点钱了。这个时候电商没有什么秘密了，技术很透明，无非谁做得更精细，谁建的系统更全面，谁就能赚到钱。市场竞争极其残酷，我们优化视觉、优化产品、优化包装，一心想富，其实才能赚一点钱，赚点钱太不容易了。当一个老板开始认真做产品、认真做视觉、认真做页面、认真找卖点时，这个市场就变难了。当市场竞争不激烈时，你研究产品，就可以赚大钱；当市场竞争很激烈时，你研究产品，也很难赚钱。所以要抓住趋势去赚钱，而不是别人都做成了，你再跟着别人做，那就已经晚了。

最后是市场垄断期。几家企业垄断了整个市场，只有零零星星的人能赚到钱，叫一小撮富。

2. 赚钱的难度系数

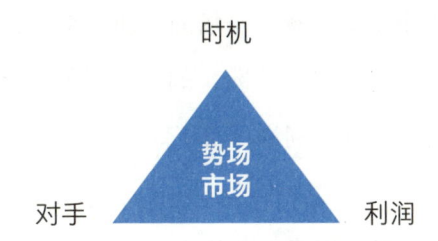

时机

势场
市场

对手　　　　　利润

赚钱的难度系数取决于三点：

（1）时机

时机不对，一切白费。不是你的产品不够好，是时机不对，所以才没有产生好的回报，在好的时期才能赚到钱。赚钱的最佳时机就在市场前三个阶段——诞生期、成长期、分化期。

（2）对手

对手弱，才有机会。一切利润的获得受制于竞争环境，所以我们能赚到钱是竞争对手给的机会。赚钱，就是要打得过对手，要么成为强者干掉对手，要么专门挑选弱者干掉对手。最好不要碰到群体性的工厂价格恶战的市场——内卷严重，很难赚钱，也不要进群体性品牌垄断的市场——这种市场有好多大品牌，赚钱的机会特别少。

（3）利润

利润率是反映竞争程度的"晴雨表"，就算市场有利润，如果利润率很低，则意味着利润已经很薄了，那就没有必要再进入了。如果一个市场无利可图，企业就不能大刀阔斧地进入。

如何判断市场利润高不高呢？看定价乱不乱。当市场还没有统一的定价标准时，市场利润最佳，消费者对这个产品的价值没有明显的认知，利润由你定。所谓乱世出英雄，这种就是好市场。

太透明的市场不是好市场。市场的本质是交换，交换的核心是商家和顾客之间存在信息差和价值差，如果市场都没有信息差和价值差了，那这个市场就没有什么利润可言了。

作业：请问你的赚钱难度系数是高还是低？理由是什么？

二、赚钱之理

有道就必然有理，我们讲赚钱之道，只要坚持那个道，你就有机会赚到钱。至于到底能不能赚到钱，还得讲理，这个理在什么地方呢？

赚钱体检

对手能力——赚不赚钱看对手
市场体量——大钱小钱看体量
利润空间——轻不轻松看利润
市场终局——长不长久看门槛
行业机会——能不能做看优势

1. 赚不赚钱看对手

有一个学员卖布鞋和球鞋。球鞋市场明显好于布鞋，客户年轻，数量多，复购多，价格高，市场体量也大。是不是做球鞋更容易赚钱呢？"赚钱之道"讲的是哪里有钱、哪里钱多，"赚钱之理"讲的是如何赚到钱。很显然，球鞋的竞争对手强，比如安踏、李宁、耐克，会碾压你。布鞋市场没有特别牛的品牌，企业有可能赚到钱。从赚钱的角度来讲，你首先看对手赚多少钱，然后再看体量，关键还要看对手是不是比你弱。所以赚不赚钱取决于你的对手，赚多少钱取决于你的体量。一切利润受制于竞争，所以我们选择对手很重要。

2. 大钱小钱看体量

有些企业虽然找到了赚钱市场，但努力多年就赚一点钱，赚不到大钱，原因是市场太小。所以你在什么市场赚钱很重要，市场体量的大小决定了你到底能赚大钱还是小钱。

3. 轻不轻松看利润

如果你卖一单可以赚1元，那你一年卖100万单就可以赚100万元了，如果你卖一单可以赚100元，那你一年卖1万单就可以赚到100万元了。

你要问自己，做的是什么生意？是有规模无利润的生意，还是有规模有利润的生意，还是有利润小规模的生意？你卖得贵才能成为品牌，而不是因为你是品牌才卖得贵，只有卖高价才能有机会变成品牌。有了利润，你就可以找优秀的人才，改视觉、改产品、改页面，选择优质的供应体系，就有机会成为一个真正值得客户信赖的品牌。赚钱不轻松，全是因为利润太低。做有规模大库存低利润的生意，赚钱自然辛苦。

4. 长不长久看门槛

没有门槛的生意是不长久的。电商大多是没有门槛的，所以竞争非常激烈，竞争对手可以快速抄袭你，和你打起价格战。对手能抄的都不叫门槛，我们要自己制造门槛，比如产品策划力、品牌力、私域流量，只有对手很难追平的才叫门槛。能做长久生意的，都是有门槛的。

5. 能不能做看优势

某个生意再好，你没有优势有啥用？所以仅仅知道这生意好是不够的，你有优势能做才是最重要的。你如果想做某一个市场，那至少要说出三条以上的企业优势，如果连三条优势都没有，那你不可能赚到钱。

在赚钱之理的基础上，我们可以总结出容易赚钱市场的画像，如下图所示，后面还会详细讲解。

容易赚钱市场的画像

对手并非啥都会，胜算有机会
体量足以养团队，做大有机会
利润明显不鸡肋，赚钱有机会
门槛最好冷偏类，闷头有机会
优势肯定都具备，做成有机会

作业：请给你的类目体检一下，觉得自己能赚几年钱？

三、找到赚钱入口

> 切入正确的市场，首先要学会查看市场兵力分布地图，知道容易赚钱的市场入口。
>
> ——大圣老师

1. 看平台的"主题市场"

很多人没有研究过入口，只是想做电商，然后找产品、优化主图、上链接、推广，单刷起来就想把它打成爆品。很少有人做过真正的规划，真正能够持续赚钱。

切入正确的市场，你得知道对手有哪些兵力，有哪些消费者，我们的兵力分布到底如何。

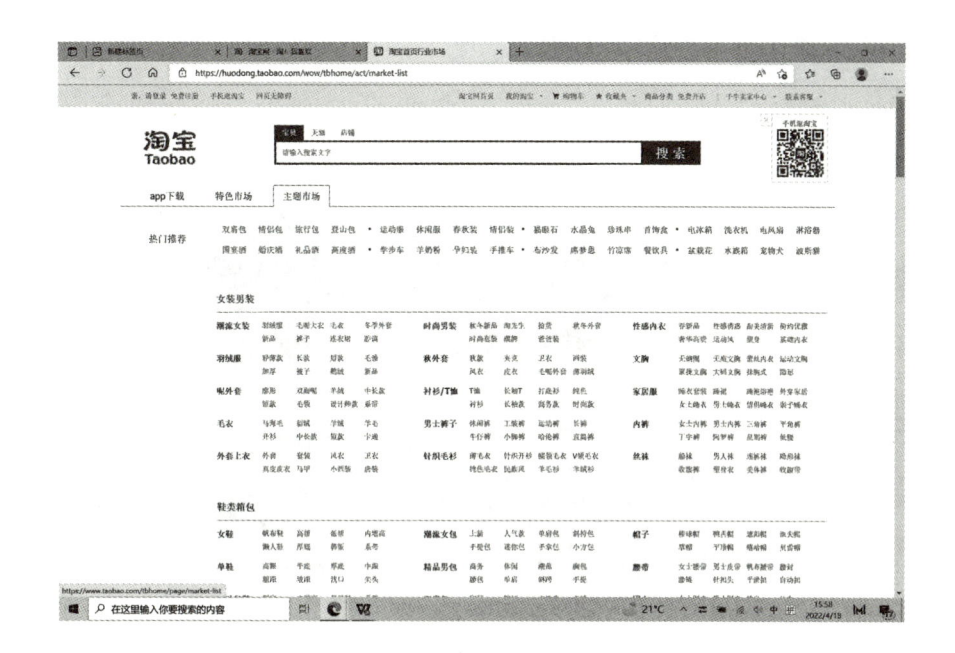

如何找到赚钱入口呢？我们来看一下这个网站。这个网站的页面有一个"主题市场"栏目，基本上涵盖了电商的所有行业类目。"主题市场"栏目下有个"热门推荐"，它是市场活跃度比较高的热门赛道和品类。这是一个分类，可以叫市场入口的纵观图。

"主题市场"栏目下有女装男装，做了很多分类。分类词后面还有关于这个词的一些描述，比如，性感内衣后面有性感诱惑、甜美清新、简约优雅等属性，这些描述语基本上每1个月到3个月就会发生变化。

主题市场是行业市场竞争状态、流行品类、消费者需求品类的一张"晴雨表"，你从这里就可以看到市场的大入口。这些大入口里有些词和属性，就是提示你该怎么去看待这个市场，排名靠前的词是活跃度比较高的。

2."小白"卖家如何轻松赚到钱

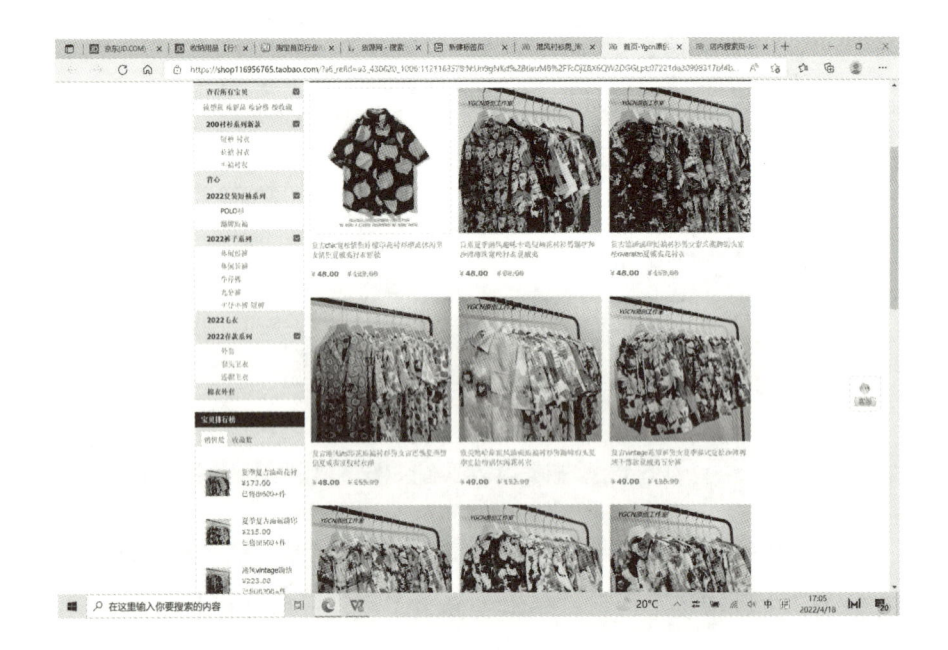

我的一个学员是新手,半年之内就轻松赚到了钱,原因是他找到了赚钱入口。

他把整个男装进行了分类,然后把它的风格、属性、价位段、关键词都分了出来,最后切入了一个港风的市场。男装里面有港风的细分属性,但是做这么花的衣服的对手很少,而且弱。他用很短的时间切入了这个非常细分、垂直的市场,而这个市场的利润还是可以的。

你的市场认知越细,你越能知道哪些市场有发展的空间,不仅对手比较少,还比较弱。如果你做男装,认为全世界做男装的都是你的对手,那就大错特错了;如果你只做港风中高客单的男装,那你的对手就那么几个。

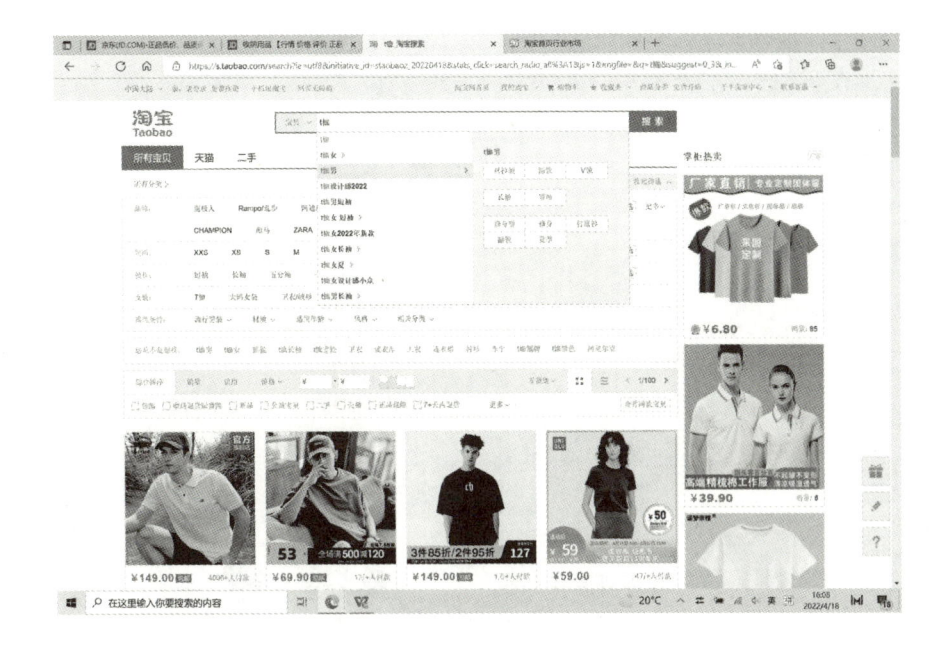

再举个例子。我们在平台搜"T恤",看"材质",就会知道棉的是最多的,接下来是涤纶等,还能看出有各种品牌,你马上知道哪些市场竞争比较弱,哪些市场竞争比较激烈。看搜索的关键词也行,比如搜"T恤",后面会有圆领、短袖等标红的关键词,说明搜索需求度大,有趋势价值。

总之,你对市场的认识越全面、越细分,你越能知道可以在哪里快速赚到钱。

京东也一样,会给你很多入口词。京东是一个偏半自营的平台,它的很多入口词、属性词对市场是很好的反馈。比如,搜"收纳用品",它会给你足够多的入口词,它对一个市场的解剖非常详细、非常到位。

赚钱是有逻辑的，你得知道你的进攻路线是哪条，不要只是盯在单一产品上，要打开格局，展开市场地图，找到你的赚钱入口。

作业：找到你所在市场的最优的进攻路线。

四、蓝海市场的本质

蓝海市场是竞争不充分的市场，一般属于早期市场、新兴市场、信息差市场。只有在蓝海市场赚钱才比较轻松，创造蓝海市场的核心就是创造没有人竞争或者竞争不充分的环境和赛道。

蓝海市场的本质是什么？就是信息差造成的竞争不充分。因此，我们想创造蓝海市场，就要创造信息差，创造一个新概念。比如，榨汁机市场竞争很激烈，换个词叫破壁料理机，就成了蓝海市场。竞争不充分是指大家不知道，所以进来的人少，门槛比较高。

1. 怎么理解信息差

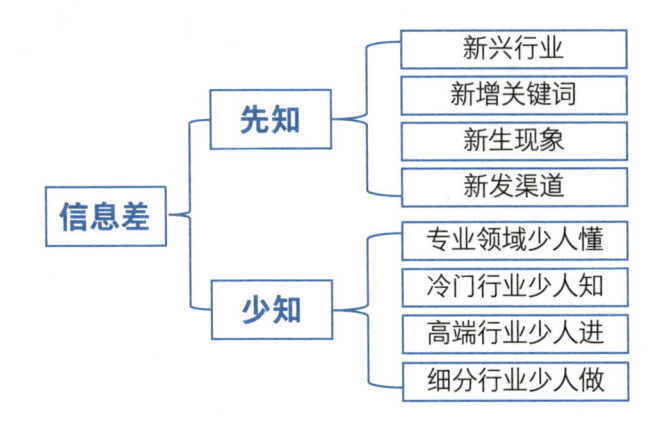

```
            ┌── 新兴行业
      ┌─先知┼── 新增关键词
      │     ├── 新生现象
      │     └── 新发渠道
信息差┤
      │     ┌── 专业领域少人懂
      │     ├── 冷门行业少人知
      └─少知┼── 高端行业少人进
            └── 细分行业少人做
```

你先知道，就可以找到信息差，或者很少人知道，也有信息差。做生意赚钱就靠信息差，我们一直要追求比别人先知道。

怎么理解"先知"？你发现了新兴市场，或者你新增了一个关键词，或者你发现新渠道，或者你最先关注新事物。比如，2022年北京冬奥会的吉祥物冰墩墩一发布，你就知道它应该是一个超级IP，全国人都会因为冬奥会而关注到冰墩墩，所以与之相关联的关键词肯定会爆发式增长，与之相关联的产品肯定会爆发式增长。

怎么理解"少知"？少知的市场是有门槛的，或者是偏冷的，专业领域赚钱更容易。比如，压舌片，很冷门，一般人关注不到。这种产品其实就存在巨大的信息差，你说它卖多少钱就是多少钱。还有高端行业，这种市场的竞争对手是比较少的，因为它很少人进，所以高端行业里的产品到底值多少钱，大家心里都没有一个标准答案。

2. 怎么理解竞争不充分（弱竞争）

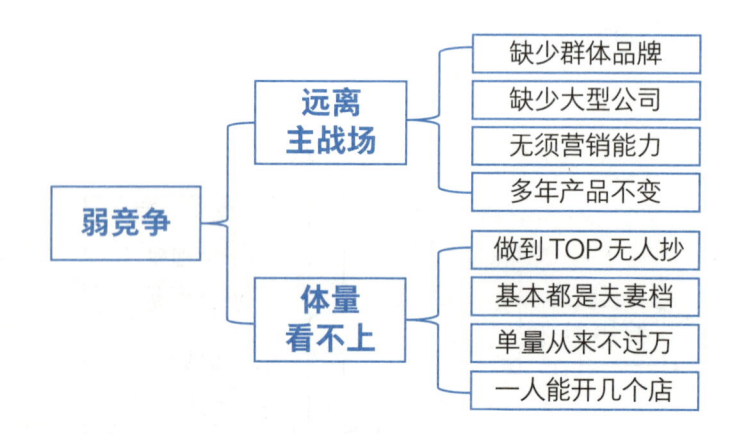

```
                      ┌─ 缺少群体品牌
          ┌─ 远离 ────┼─ 缺少大型公司
          │  主战场   ├─ 无须营销能力
          │           └─ 多年产品不变
弱竞争 ───┤
          │           ┌─ 做到TOP无人抄
          │  体量     ├─ 基本都是夫妻档
          └─ 看不上 ──┼─ 单量从来不过万
                      └─ 一人能开几个店
```

市场竞争不充分也就是竞争比较弱。它有两个特点，一是远离主战场，二是体量看不上。远离主战场，竞争就弱了。体量看不上，大家不愿意做，那肯定也是个蓝海市场。

怎么理解"远离主战场"？就是缺少群体性品牌，缺少大型公司，无须营销能力，多年产品不变。

一看市场有没有大品牌，有没有大型公司。以前毛球器有品牌吗？没有，所以这种市场好做，后来美的进来了，就不好做了。

二看需不需要营销能力，产品是否多年未变。你同行的页面图片乱七八糟的，一点美感都没有，那说明这个市场好做，产品多年没变却能一直卖，说明这个市场仍然是卖方市场，而不是买方市场。一个老板用心做产品，把产品做得很精美，那说明竞争已经很激烈了，比如母婴产品做得很好，因为竞争很激烈。如果你赚钱很容易，你肯定不会想着做个特别好的产品，就是因为你不赚钱了，你才不得已去做产品差异化。

怎么理解"体量看不上"？很多商家是夫妻档，三五个人，单量从来不过万，一人能开几个店，这种就是 TOP 商家看不上的，比如下面图片所示的类目。

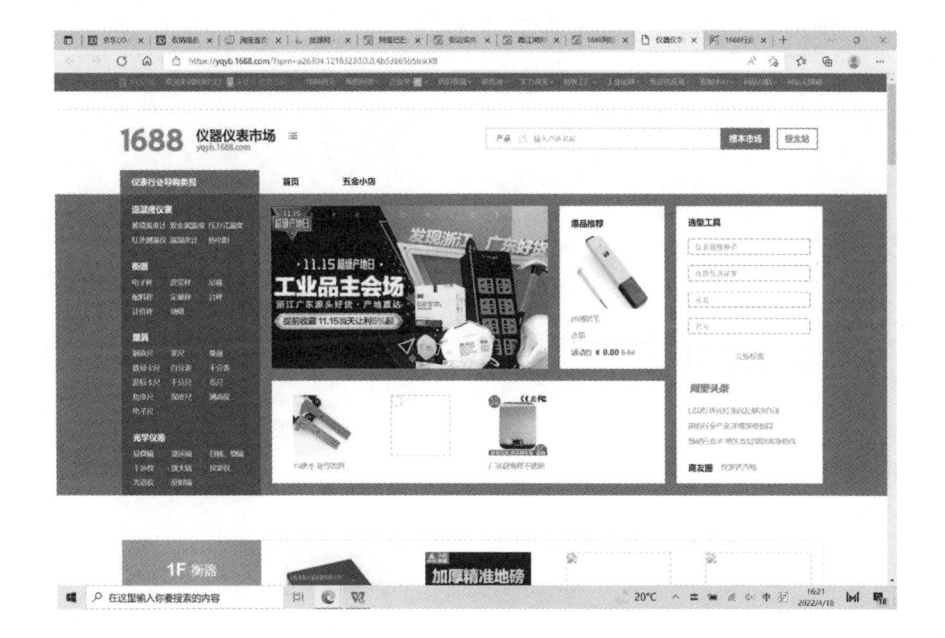

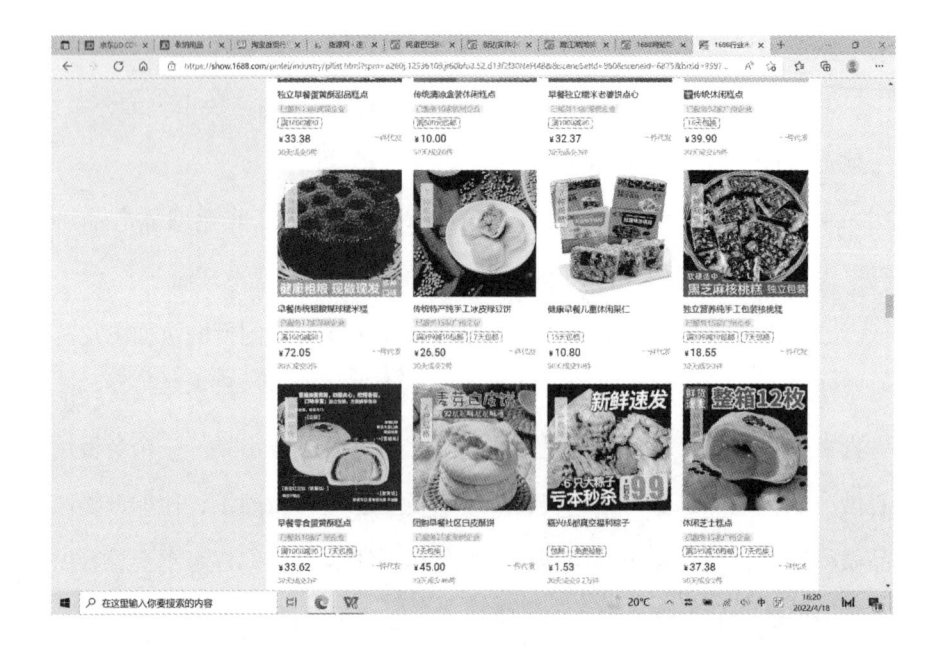

结合蓝海市场的本质，接下来我会详细讲解十种蓝海市场的挖掘方法，你可以只用一种方法，或者几种方法结合着使用。

作业：请问哪些市场具备蓝海特质？

五、蓝海市场挖掘方法一：品类全景蓝海法

方法一

品类全景蓝海法
站在山顶看全山

很多人在讲蓝海市场怎么选择的时候，会用一些运营性的表达，类似于搜索指数很高，转化指数很低，这样的市场就是蓝海市场。搜索指数高意味着需求量大，而转化指数低说明没有产品能满足这种需求，所以这就是一个未被充分满足的市场，就是蓝海市场。

蓝海市场挖掘的第一个方法，就是品类全景蓝海法，也就是要站在山顶看全山。当你站在山顶看山下的每一条路的时候，你会发现你往下走的时候不会再迷路，因为每条路都很清晰，有高度、有格局的人，看到的东西往往是比较全面的。

我们参与的是电商的竞争，不管是做抖音、做淘系，还是做京东和拼多多，你面临的竞争都是全国性的，甚至是在全球范围内发生的。因此要想把生意做好，就不能一头扎进某一个产品里，而是要先看全行业的品类，甚至是综合性的品类。

别的商家有最牛的运营、有最厉害的客服、有最好的文案、有最好的页面，我们可以拿来就用，这对我们降维来思考这个类目是很有

帮助的。

这个方法就是我们秉承蓝海的逻辑，用显微镜看市场。你如果能用显微镜看全国市场，会发现你永远都有机会，哪怕你在一个小县城，也有做生意的机会。

1. 1688 网站

在淘宝里面搜到的类目和 1688 分的类目是不一样的，为什么？因为淘宝垂直于 C 端，1688 服务于商家，所以它会使用更加专业的名词和市场分类。1688 上还有淘宝批发挚爱、小商品市场、夜市地摊、实体小店进货的板块，你可以点开这些板块，从做生意的视角看一下它们的品类。这个界面有两元的、1 折的，有拼多多同款的，有一些支持秒杀的，各种各样的产品都有，还有一些榜单可以让我们更加全景地了解品类。

1688有自己的会员体系。1688研发产品时就是看它的客户群，比如客户有个工厂，别人从工厂进货，哪种产品进得多，哪种进得少，一目了然，接下来就知道研发什么产品了。

很多商家在调研完市场后去研发产品，会提交一个方案，或者会开一个新的模具，那谁先知道这个模具呢？肯定是工厂，它掌握产品诞生的第一手信息，所以在1688上我们总会看到很多热搜的新产品。

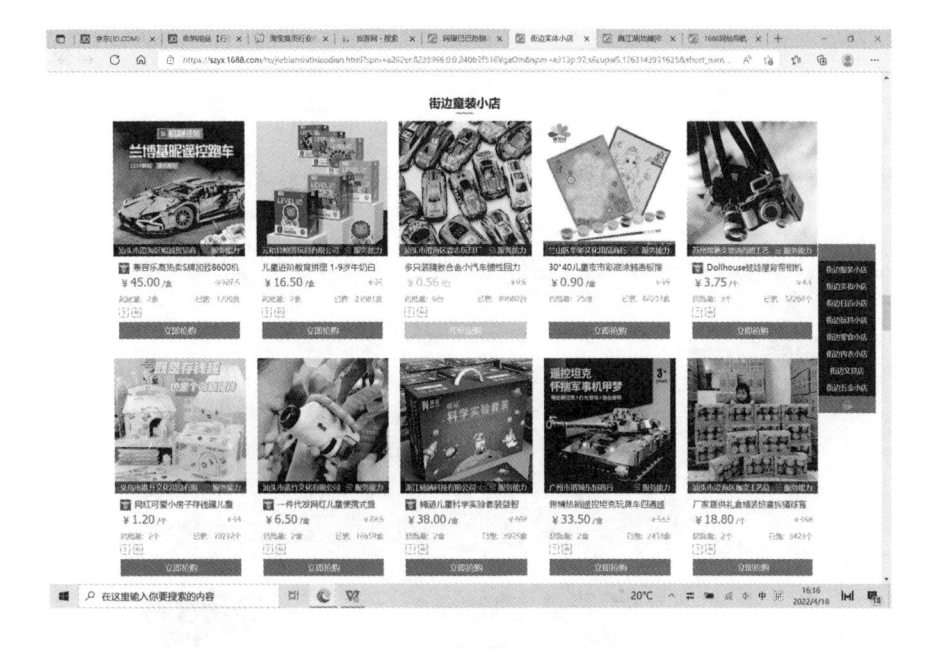

1688是一个比零售端口更加前置的产品的阵地，我们可以研究，街边实体小店在1688上买什么产品，为什么会买这些产品，以及为什么在网上有这些产品，街边小店还能卖得好。从规律来说，这些产品一定是独特的、个性的产品，比如科学实验的大礼包，这就属于比较新鲜的玩具。实体小店为什么活得下来，就是因为它有一些特殊的产品通道，或者产品的组合。

1688的网站导航和面向C端的平台不一样，它是按照行业和特色市场分类的，是一个全新的视角。1688的类目导航界面，有产地的

分类。1688 的一些品类非常专业，比如焊工手套、减速带，这些产品就符合蓝海的特征。

1688 有很多货源，不见得是针对 C 端的，但是这种市场比较冷门，而且利润值比较高，容易赚钱。对我们中小卖家来讲，一年赚 50 万元到 100 万元已经不错了。

2. 其他网站

除了 1688 外，还有一些网站也可以参考，它们有丰富的产品标签体系，非常垂直化。比如常佳网，它的谐音就是厂家网，意思是找厂家、找货源。它的分类包括机器设备、物料耗材等。比如 Maigoo，它有很多的行业品牌，以及好的网店、好的产品、好的招商渠道，甚至有一些榜单。它也给出了很多的分类，比如建材/家具、科技/厨电等。比如中国制造网，它的标品多一些，比如化工、电工电气、电子元件这类特别专业的产品。此外，还有全球资源网、义乌购、53 货源网、中国供应商、兰亭供应商、猎芯网，此处不一一赘述。

当了解这些平台后，你会发现你有 n 种机会，就好像站在山顶看得高看得远，对行业的全局有了系统的把握。一个行业不是我们想的那么简单，它有非常详细的分类标准，你看完之后就发现，原来这个行业的产品分类这么多。如果你做完这些功课，那你就是这个行业的百科全书，以后你就能做到足够垂直、足够细分，你就能够成为这个行业的"先知"。

作业：请站在产品的属性和客户的属性上，再用显微镜看一下市场。

六、蓝海市场挖掘方法二：TOP 布局蓝海法

方法二

TOP 布局蓝海法
跟着大象捡漏网

这个方法知道的人比较少，就是跟着大象捡漏网。同行 TOP 做得很大，是大象了，你就是只小蚂蚁，那就趴在大象腿上，跟着大象看它有什么机会。这个方法的核心逻辑，就是跟着行业 TOP 学，站在它的肩膀上成长。

大公司在人力、物力、脑力、精力上都远远超过中小微企业，所以我们要站在巨人的肩膀上理解市场，寻找机会。因为它是 TOP，所以它对市场的分析一定比我们透彻，但是因为它大，一定没有办法照顾到每一个产品，所以有些产品它可能只是布局了，但它不一定会深耕，而这就是我们的机会。

1. 大公司有产品部门，能设计、能研发、能升级

举个例子，babycare 布局了一个产品，但没有深耕这个产品，这就给了我们机会。基本上大公司都有产品部门，他们做市场调研，研

发新品，每个月都会有新品的发布，这些可以给我们参考。它卖得贵，或者卖不好，我们倒有可能卖好。

2. 大公司有项目组，市场触角比较全面

举个例子，嫚熙要上孕妇裤，它会成立项目组，专门研究孕妇裤市场，它有可能做一个和别人不一样的孕妇裤。他们触达的信息比我们更全面，分析比我们更到位。

3. 大公司有专业的视觉策划，可以直接借鉴

比如嫚熙鲨鱼孕妇裤，找到了很好的卖点，比如它使用的是阳光纤维，使用的是深海的微型面料，这些我们都可以借鉴。他们有成熟的方法体系，怎么运作、怎么呈现都有了，我们比着学就可以了。大公司规模大，一定不细，一定不会在一个产品上死守，所以他们只是布局了，但并不会做成综合系列，这就给了我们很多机会。

babycare有很多产品，它的分类特别多，给了我们很多的启示，让我们知道了母婴市场里有这么多的赛道，有这么多的机会值得关注。babycare有一款产品，叫儿童沐浴露洗发水二合一，卖了5000多件，并没有卖爆，但是也不错了，它的特点是防痱子。宝宝要用沐浴露，妈妈关心什么呢？关心他会不会起痱子，这就是babycare经过市场分析后策划的产品。

既然有防痱子的沐浴露，那还有别的吗？这就值得我们思考。我们看到这个市场有需求，再去搜索"可防痱子"的关键词，发现类似的产品特别少，甚至很多产品都没有这个特点，说明这个市场还是一

个竞争不充分的市场。比如宝宝用的防蚊液，擦擦涂涂的产品，甚至他穿的裤子和尿不湿，是不是都可以赋予它们这方面的功能？

我们找TOP，要找行业里特别知名的，最好线上线下都有的，因为它要做线下，产品必须是丰富的。它的产品的关键词和属性，都值得我们思考。

第一步：把行业的线下品牌列出来，把线上品牌列出来，看看他们上什么新品，研究他们为什么上这个新品，然后分析他们做什么关联产品，有什么新的概念、新的关键词。把他们的产品布局地图摸清楚。

第二步：思考一下你能做什么产品。因为TOP大，它一定无法做得很全、很精、很到位，而你就可以在这个时候捡漏，可以直接用一些概念和名词。

作业：请打开行业大公司的产品地图，进行分析。

七、蓝海市场挖掘方法三：类目列表蓝海法

方法三

类目列表蓝海法
剥开洋葱看到心

这个方法比较简单，叫类目列表蓝海法，就像剥洋葱一样，把类目的列表找出来，然后一层层地剥，最后你可以找到别人不怎么关注，或者是不怎么起眼，但是存在很多机会的市场。

比如我们卖狗粮，"狗粮"这个词太大了，一层层地剥，会发现很多描述词，或者不同类型、不同工艺的产品要求，然后我们就知道如何进行产品的建设和升级了。

大多数电商只关注自己上传的产品是在什么类目，并没有去了解产品所在的类目的全部层级。如果我们能够全局地去了解整个类目，就有机会发现蓝海。你要上一个产品，首先把关键词找出来，然后就可以看到它会有对应的类目列表，接着一级、二级、三级不断地拆。

例如，我们可以从 3C 数码配件这个大类里拆到苹果专用配件，再拆到苹果保护套/保护壳，再拆到 Apple/苹果、iPad 清水套。在拆的过程中，它会有很多的描述，也有很多的品牌词，它会给我们带来一些新的思考。

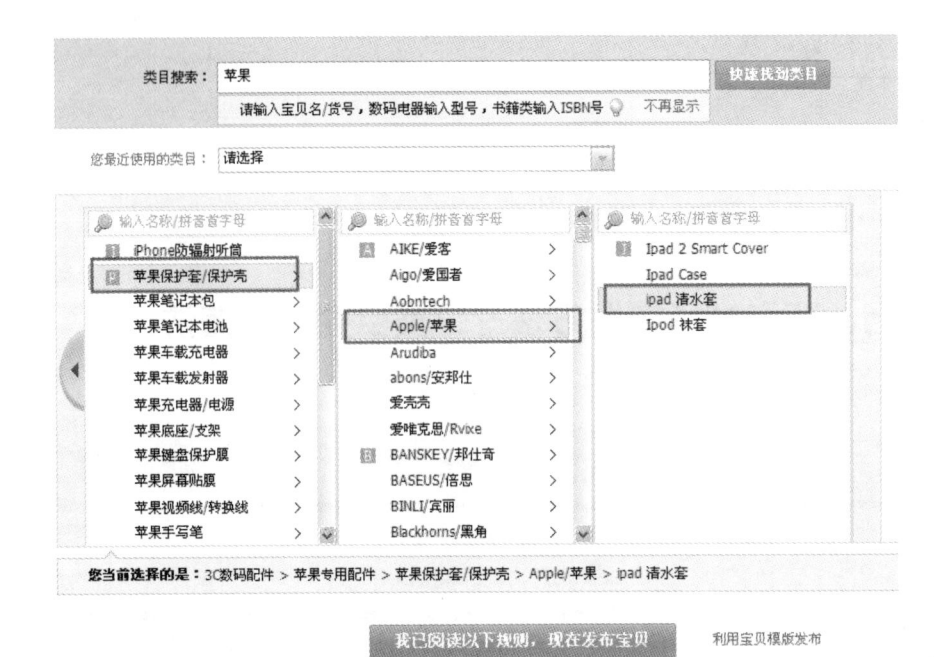

我们在淘宝后台的类目搜索里输入"盘子"，匹配到 30 个类目，第一个类目有 3 万多个产品，第二个类目有 6800 多个产品……。你

一层层地拆，看你的产品适合放在哪个细分垂直领域。你要思考，别人的盘子是怎么做的，用什么材质，有什么功能，放在哪个类目。

不同的产品有不同的分类标准，珠宝的盘子、餐饮具的盘子、摆件的盘子，它们的维度不一样，有不同的卖点、视觉，有不同的表达方式，我们是完完全全可以去借鉴的。这个方法其实就是把市场细分，就是把我们的客户按照收入、年龄来分。

作业：类目细化后的关键词对你有什么启发？

八、蓝海市场挖掘方法四：专业门槛蓝海法

方法四

专业门槛蓝海法
专区专用专门专家

这种方法很独特，一般人不怎么用，如果你用了，就可能找到很多市场机会，甚至做个一两年都没有人打扰。

专业门槛蓝海法，就是专区专用专门专家。我们要比别人懂得多，比别人懂得早，才能找到蓝海市场。

专业之所以是专业，就是因为它存在一定的认知门槛。信息差的底层逻辑告诉我们，要专注于专业领域、冷门行业、高端行业、细分行业。

举个例子。吃东西不舒服，人肯定会痛苦，市场会不会围绕这种痛苦的人研发一些产品呢？当我们搜"食管"这个词时，就会发现有很多产品，比如暖胃的热敷包、斜坡床垫。一个斜坡床垫，成本很低，一票就可以赚不少钱。

如果我们能找到其他类似的产品，只要不属于医疗器械类产品，就可以去做，因为医生会推荐你买一个这样的东西，可以去做调理。因为它真的很少人知道，所以它有很多的关键词描述。

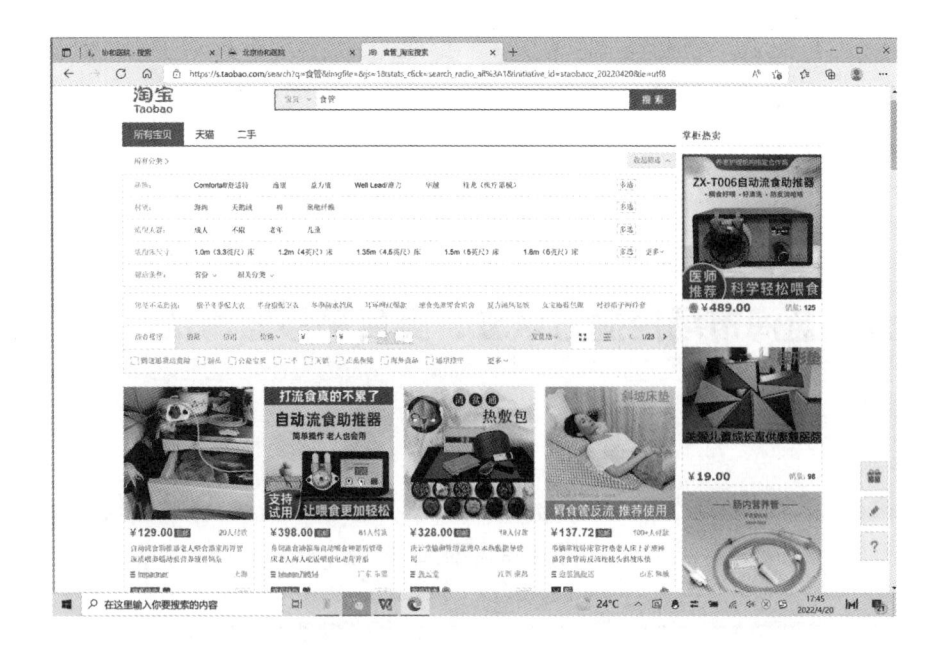

这个市场虽然不容易做，但是和女装、化妆品、食品比，已经是弱竞争了。你可以从医院、从医生那里找找这种类似的需求，然后做成产品。做这种产品，可能不用花钱做推广，赚点小钱不成问题。当然，蓝海市场只能让我们获得基本生存，要长期发展还是要进攻大市场。

作业：按照专业和职业进行罗列，思考一下你发现的蓝海市场。

九、蓝海市场挖掘方法五：类目平移蓝海法

方法五

类目平移蓝海法
他山之石，可以攻玉

这个方法要用到跨行业的思维，借助跨行业的认知来理解市场有没有蓝海机会。行业和行业之间的发展阶段不一样，别的行业发展机会也可能存在于我们的行业，我们把这个方式叫作类目平移蓝海法。只要找到相关联的类目，把它的商机平移过来，就有机会找到新的增长市场。

你可以理解为"他山之石，可以攻玉"。我们经常讲万物同源、万物同宗。商业的规律也是一样的，行业的发展规律也是共通的。商业发展到现在，需求还是那些需求，只是在不断地升级，不断地被满足。行业发展阶段是不一样的，所以不平衡，因此在这个行业出现的机会也可能在另外一个行业诞生。

我们有一个平移类目口诀，如下图所示。

平移类目口诀

> 人类有的宠物会有
> 大人有的小孩会有
> 小孩有的老人会有
> 屋里有的户外会有
> 女装有的女包会有
> 家具有的灯具会有

第一，人类越来越会把宠物当成一个人，当成孩子，当成朋友，所以人类有的东西，宠物也一定会有。第二，小孩要长大，所以他会提前接触很多模拟性的大人的东西。第三，老人就是老小孩，所以小孩有的需求，老人也会有。第四，我们希望把户外的东西浓缩到屋里，也希望把屋里的东西放置到户外。第五，女装有某种风格，女包就会有某种风格，女鞋也会有某种风格。第六，家具有某种风格，灯具也会有某种风格。这些类目之间都是有关联的，至少都有共通之处，所以我们可以做一定的借鉴。

人有零食，宠物肯定也有零食；人有保健品，动物也有。比如为了改善猫咪异食，会给猫咪补充微量元素。人有房子、有家具，那宠物也得有，比如有猫玩的滑梯、狗住的别墅等。商家把人类的需求平移到宠物，开发出各种各样的蓝海市场。

类似地，禅意的摆件兴起后，禅意的家具诞生，之后禅意的灯饰也会诞生。所以摆件的爆款决定了家具的爆款，决定了灯饰的爆款。摆件小，很容易更换，而家具可以移动，所以也容易换掉。灯的更换可能涉及拆墙，所以它的方便性价值没有那么高。

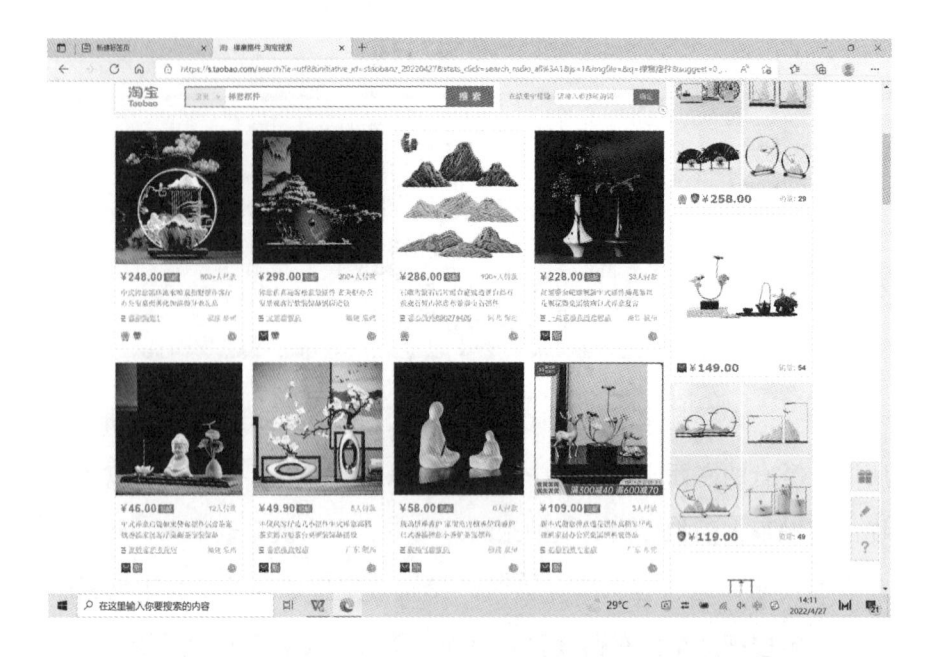

我们做狗的零食，可以去和人的零食匹配；我们做儿童的产品，可以找大人的产品和老人的产品匹配；我们做家里的挂画，可以和其他装饰类的产品匹配。当发现有仿古的画的时候，我们就可以断定会有仿古的瓷砖和仿古的摆件，还可能会有复古的家具诞生。这些东西都是可以去关联的，我们要去做跨类目的思考和延展。

作业：思考你们类目的关联类目，是否有平移借鉴的机会。

十、蓝海市场挖掘方法六：展会寻新法

方法六

展会寻新法
先发渠道有新品

展会，是商家每年必须要参加的项目，因为展会是一个先发渠道，它一定有很多新品，是一个行业的高、新、优的产品信息反馈区。这种方法虽然有成本，但非常有价值，你得走出去才有机会发现蓝海市场。我们要在展会中寻找新的产品、新的商机、新的客户、新的服务模式，它们会给我们带来很多启示。

那么，参展到底有哪些好处？

1. 低成本接触合作客户

公司要接触到客户，参加展会是最有效的方式。调查显示，利用展会接触客户的平均成本仅为其他方式接触客户成本的 40%。

2. 手把手教客户试用产品或感受服务

展会是参展商为潜在客户集中演示产品或感受服务的最好时机和最佳场所。通过直接和客户沟通，参展商能更有针对性地服务客户。

3. 节省时间，事半功倍

在几天的时间里（一般为 3 天），参展商接触到的潜在客户比其 6 个月甚至 1 年里能接触到的客户数量还要多。更重要的是，面对面地与潜在客户交流是快速建立稳定的客户关系的重要手段。

4. 工作量小，质量高，签单率高

在展会上接触到意向客户后，后继工作量较小。调查显示，针对展会上接触到的意向客户，企业平均只需要给对方打 1.8 个电话就可以做成交易。相比之下，平时的典型业务销售方式下，业务人员需要打 7.8 个电话才能完成。同时，客户因参加展会而向参展商下的所有订单中，54% 的单子不需要个人再跟进拜访。

5. 结识大量潜在客户

研究显示，以一家展商摊位的平均访问量为基数，只有 12% 的人在展前 12 个月内接到该公司销售人员的电话，88% 为新的潜在客户，而且展会还为参展商带来高层次的新客户。展会上 49% 的访问者正计划购买某些产品和服务。

6. 展示自身实力

展会为参展商在竞争对手面前展示自身实力提供了机会。通过训练有素的展台职员、积极的展前和展中的促销、引人入胜的展台设计，参展公司可以变得光芒四射。而且，展会的参观者会利用这个机会对各个参展商进行比较。因此，展会是一个让参展商展示自身形象和实力的好机会。

7. 研究竞争形势

展会现场提供了研究竞争形势的机会，这个机会的作用是无法估量的。在这里，你可以了解到竞争对手提供的产品、价格以及市场营销战略等方面的信息，有助于你制定企业近期和长期规划。

8. 进行市场调查

展会提供了一个进行市场调查的机会。如果参展商正在考虑推出一款新产品或一种新服务，那么可以在展会上向参观者进行调查，了解他们对价格、功能、质量和服务的要求。

9. 维护客户关系

客户关系是许多公司的热门话题，展会是维护现存客户关系的好地方。参展商可以用下列方式对客户表达谢意：热情的招待，公司最新产品资料，公司赠品，一对一的晚餐等。

10. 扩大企业影响

大多数展会会吸引众多媒体的关注，利用媒体进行宣传是参展商难得的机会。通过展会，参展商可以扩大影响，提高品牌知名度。

作业：请整理你们行业和跨行业的展会信息，制订下个月的参展计划。

十一、蓝海市场挖掘方法七：痛苦差评蓝海法

方法七

痛苦差评蓝海法
有痛苦的地方就有机会

对于新入场的商家，或者在行业中寻找细分垂直爆款、想找到每一年战略爆款的商家，这个方法是必用的，我们称之为痛苦差评蓝海法，就是哪里有痛苦，哪里就有机会。痛苦意味着需求没有被满足，需求没有被满足说明用户对当下的产品是不满意的，谁能够让用户先满意，谁就可以赢得市场的机会。

建议你把它当作一个升级产品、寻找蓝海的常用方法，并且要做综合评估。首先把你所在行业的好评都整理出来，看用户关注的点在哪里，好评可以让你找到好的卖点，而差评可以让你找到改进的机会。我们通过好评和差评的反复对比，就知道用户在哪些点上的感知力是最强的，就能找到优化的空间。

一般情况下，用户是不会给差评的，除非客服服务态度真的很差，或者他的体验感实在是糟透了。差评往往比较详细，就像一篇小作文，有视频，有图片，还有追评，所以我们要了解。

我们可以把差评抓出来，当作我们对产品的一次评估。对差评的分析，更容易让我们知道未充分满足的需求在哪里。

举个例子，比如某款饮水机的好评很多，比如"水温可以调节""加水方便""送客户不掉价""非常省力"。这些好评恰恰是产品的卖点。但是也有差评，比如"体积有点大，噪声有点大"，这是用户用了一段时间以后的感受。这个差评下面，又有一个用户提出相似的问题。

从差评就可以知道，有客户希望买一款不占地方的饮水机，适合摆放在小户型。小米就特别具有痛点的研发能力，它做了一款饮水机，就是适用于小户型的，体积特别小。小巧不占地方，是独立的水箱，无须接水管，可以随意摆放在办公室、卧室，喝水更加方便，这些就是产品的卖点。

再比如学步鞋的痛点。有用户的差评是：夏天出门有点闷热，宝宝不喜欢穿；不合脚，有点大；对孩子不友好，鞋底有点硬，不好穿。

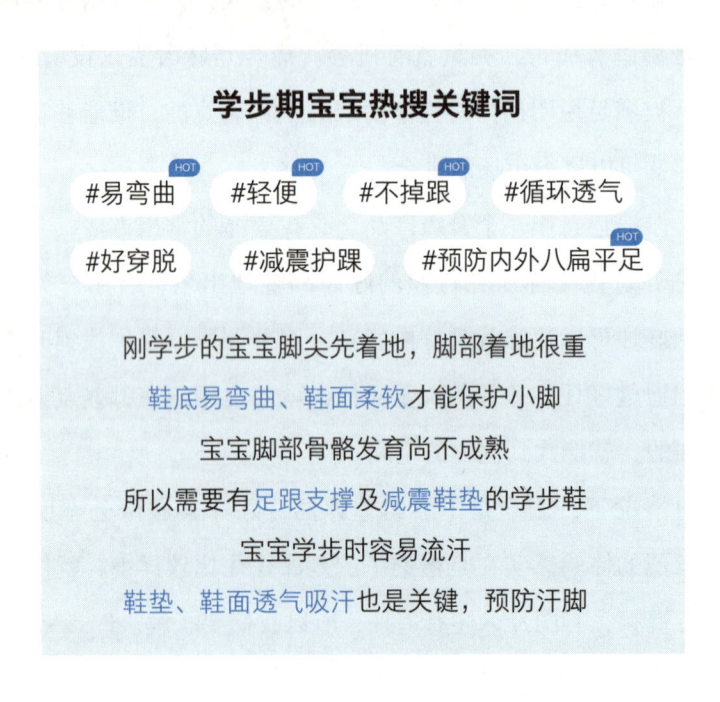

学步期宝宝热搜关键词

#易弯曲 #轻便 #不掉跟 #循环透气

#好穿脱 #减震护踝 #预防内外八扁平足

刚学步的宝宝脚尖先着地，脚部着地很重

鞋底易弯曲、鞋面柔软才能保护小脚

宝宝脚部骨骼发育尚不成熟

所以需要有足跟支撑及减震鞋垫的学步鞋

宝宝学步时容易流汗

鞋垫、鞋面透气吸汗也是关键，预防汗脚

如上图所示，这家店铺抓住了学步鞋的痛点，对学步鞋每一个细节的描述基本上都命中了客户的痛点需求，所以它的学步鞋卖得非常好。所以，一个产品之所以能卖得好，一定是有理由的。

作业：请整理你们行业的差评和好评，找到下一个产品机会在哪里。

十二、蓝海市场挖掘方法八：抖音数据蓝海法

方法八

抖音数据蓝海法
快平台有先机

这个方法是指，我们要通过抖音等直播平台来寻找蓝海市场。

抖音的平台机制和天猫有些不同，抖音是一个兴趣激发的平台，也就是说你可能开始没有兴趣，但是看直播的过程中突然产生了兴趣，然后产生了购买需求。天猫靠搜索，在搜索到了一定量级之后，才能测试出产品到底行不行。而抖音的产品体系是：把产品放上去就能测试出有多少人对这个产品产生兴趣，并产生购买欲望，因此抖音是一个非常好的测评平台。对于打爆品，抖音明显比传统电商要快很多，而且它的生命周期也比传统电商短很多，所以它是一个快节奏发布新品的重要平台。

抖音平台的直播间里汇聚了大量的流量，有很多的产品，当消费者和产品发生关系时就会产生化学反应，而这个时候我们就可以很快地测试出这个产品和消费者之间的关系。有很多在直播间卖得好的产品，在淘宝也卖爆了。这些产品原来不知名，就是因为在直播间被带了一下，突然间变得很有名，然后在传统电商市场就卖爆了。

我们可以关注直播间的货品规划，看直播间的动销速度，比如哪些被抢光了，坑产多少，以此测试这个产品是不是能够激发消费者的购买欲望，能不能变成爆款，是不是一个好做的赛道。

抖音有一个工具叫蝉妈妈精选，它其实就是抖音里面关于直播货品规划的一些数据，很有代表性。蝉妈妈精选里有选品库、实时榜单、热门专题、优选品牌、精品好店，它会每5分钟进行一次实时更新，还把昨日的、7日的和30日的产品进行一次榜单的排序。我们从中可以看到，哪些产品被带得比较火，其中就会有一些我们很少见到的产品。

还有一个软件，叫快选品，也是大数据选品工具。它有榜单，有短视频选品，有直播选品，还有智能选品库，还能找素材、查竞对、看大盘。"看大盘"，会给你一个行业大盘的图，通过这样的数据快速地理解某些产品的变化，或者某些市场的变化。"查竞对"就是一些达人的排行榜，我们可以从中了解他们的带货思路、带货效果。

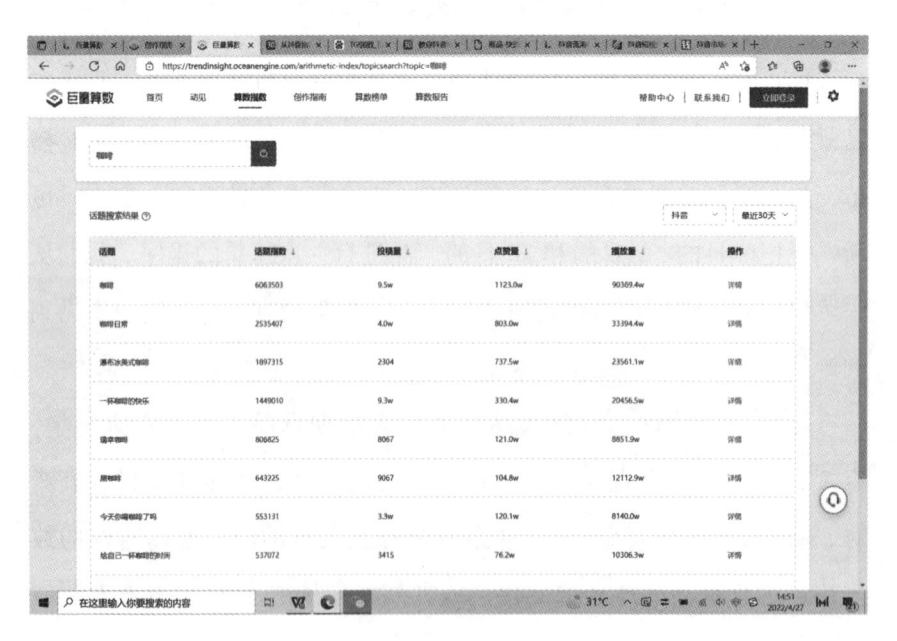

针对所有的在今日头条、抖音、西瓜视频平台等输入的关键词，一款数据工具——巨量算数可以揭示关键词背后的营销逻辑和人群画像，以及关键词的变化。关键词背后还有对应的话题，也就是你可以按照它的话题来搜索相关的热搜视频和达人，然后进行视频的创作。

当然还有小红书、b站等内容型平台也可以参考，它们可能不会出现马上成交，但是它们的种草过程会触发很多的需求。这些都给我们提供了比较好的市场洞察思路，让我们找到市场的新机会。

作业：关注一下抖音达人直播间的选品思路，看你能否找到市场新机会。

十三、蓝海市场挖掘方法九：其他独立平台蓝海法

方法九

其他独立平台蓝海法
非主流 APP 必有两把刷子

用这种方法的人比较少，但这种方法可以帮我们打出一系列的爆款，找到我们的战略性单品。非主流的 APP 必然有两把刷子，在这些平台上，我们可以找到一些机会性的产品。

比如得物，专门针对男性做一些好的产品，我们曾经淘了不少产品做成了爆款。比如东家，它是一个在家具和手工产品领域非常独特的平台，给我们很多细分市场的参考。做手工、复古、文化产品的商家，一定要下载东家这个平台。

比如欧莱凯设计网，这个网站汇集了全球优秀的品牌案例、国际性的产品、国际性的创意，并不断地展播，你可以从中找到很多不错的产品，这些产品有很高端的设计，有很独特的差异化。尤其是工业设计这个栏目，它有很多独特的产品，甚至我们没有见过的产品。这个网站的好处是让你知道下一代产品长什么样。

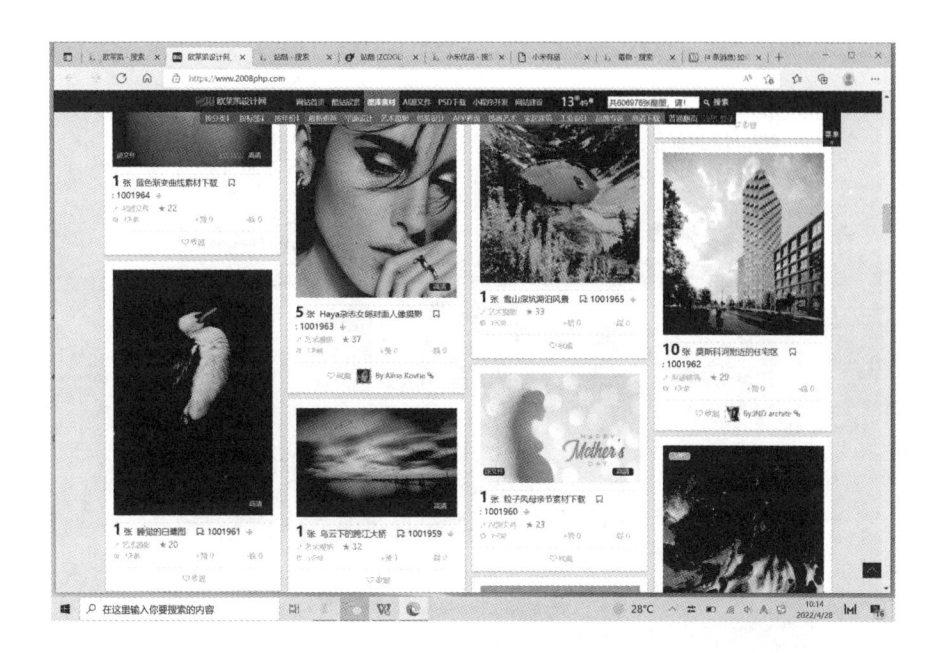

我们都知道 VR 眼镜，很笨重，不清晰，没有很真实的触感，所以它有很大可以优化的空间，它需要很多触感的技术来支撑。欧莱凯上有一款 VR 眼镜，设计得很有潮流感、时尚感，不那么笨重，这就是 VR 眼镜未来的样子。如果是这样的 VR 眼镜，大家就觉得很酷了，里面有很多沉浸式的展示，我相信 VR 眼镜的进化方向就是这种类型的。所以这个网站的好处是可以让你畅想未来，比别人更早地发现更多的好产品。

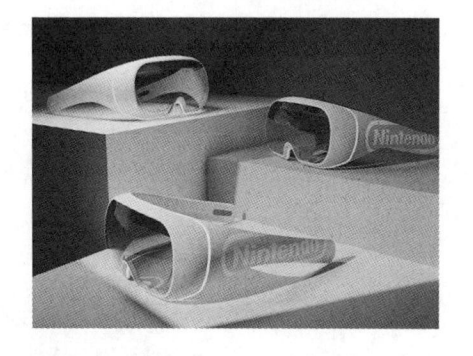

比如站酷网，很多美工会使用这个网站，但它其实也是一个很好的蓝海市场发现网站，它里面有产品的设计，会让你看到各种各样的好产品以及好视觉，给我们很多的启发。

比如小米有品网站，它里面有很多新产品，可以给我们带来很多的启示。小米有品的商城和页面文案非常值得看，有特殊的概念和特殊的风格。

打开手机，在 APP 下载系统里搜索购物，会出现很多的购物软件，它们都是非常好的选品渠道。除了以上这些平台，还有什么值得买、小米商城，都值得参考，有些传统电商的爆品就出自这些平台。

作业：用这个方法开一个跨平台蓝海市场和蓝海产品风暴会。

十四、蓝海市场挖掘方法十：价格反向蓝海法

方法十

价格反向蓝海法
低价加速产品进化
高价完成产品升华

这种方法叫价格反向蓝海法，就是通过低价与高价的价格反向来完成蓝海市场的探索。

低价市场竞争激烈，商家不断地思考产品突破口，所以会加速产品进化，而高端市场舒服，不会拼命地进化产品，所以可以把低价产品升级放在高端市场。高价产品必有其高价值，完成了产品价值升华，可以降维打击下位市场。

商家都在打低价，都希望能够做出规模，那做出规模就需要高点击、高转化的性价比优势。打低价不是简单的打低价，它需要强大的供应链支持。如果你的产品是尖刀性的产品，就要达到极致性价比，如果产品还有点差异化，那就容易爆起来。所以打低价的产品并不全是同质化的产品，只有少数产品才能变成爆款。对打低价的产品，商家在它的包装、卖点的提炼上无所不用其极。

打低价的商家活得不舒服，低价的爆款很快就会被打死，所以都在想如何把产品做得和别人不一样。做高客单价产品的商家相对来说

活得舒服一点，因为竞争对手少，不用经常更改它的爆款，高价的爆款可以卖很久。做高客单价产品的商家不会拼命地进化产品，他们天天思考如何升华产品以外的东西，比如包装、视觉氛围、品牌力。更重要的是，高客单价的产品卖的是精神溢价，所以商家会在别的地方找出稀缺性的虚拟价值。

举个简单的例子。我有一个学员，卖的是 29 元的 T 恤衫，价格打得很低。他为了把这个产品做得有差异化，就做了冰丝材质的，这个算是 T 恤里比较高端的产品，卖价是 39 元。

对于客户来讲，一件冰丝 T 恤卖 39 元，是很有性价比的，所以很快就打爆了。我们想冰丝 T 恤可以卖更高的价格，所以建议他其他款卖 89 元，因为 89 元这个价格段的大部分 T 恤是棉的，所以在 89 元价格段，他是第一个卖冰丝 T 恤的，也一下子卖爆了，而且利润比跑低价销量的高很多，这就是把低价进化出来的产品放到高价去卖。

同样，高客单价的产品也可以降维到低价市场去做。很多人会买一些特殊功效的狗粮，比如提高免疫力、调理肠胃，有益生菌。这种高客单价的狗粮相比普通狗粮，成本并没有增加多少。有一个学员做了一款含有欧米伽 3 的狗粮，高价市场卖得还可以，就更加断定它的低价市场一定可以卖得更爆。所以他把这款狗粮放到低价市场，果然很快就爆起来了。

高价市场的产品有高价值，可以降维打击到低价市场，肯定可以跑量。而低价产品进化到足够差异化，就可以反过来进入高价市场。提高价格，意味着减少了你的竞争对手，减少了在线商品数，降低了竞争激烈度，所以有机会卖得动。

作业：低价可否翻三倍，看竞争对手数量；高价降一半，可否跑出规模体量？

十五、容易赚钱市场的画像一：价格未完全分化的弹性市场

不管经济环境有多复杂，但凡长期存在的市场，必有赚钱的商家。从全局看，很多市场发育得很慢，很多竞争方式还很落后，机会是永远都存在的。

再难的时候都有人赚钱，再简单的时候也有人亏钱，你首先得相信每一年都有机会赚到钱。你要有一个坚定的信念：只要做一个行业，就要看清楚，想明白，知道自己有机会胜算。这是基本的信念，如果连这个信念都没有了，再好的市场你都未必能赚到钱。

前面讲到了挖掘蓝海市场的十种方法，这些方法需要你仔细研究，接下来我会直接给出容易赚钱市场的画像。画像是指在某一种市场现象出现的时候，就意味着这个市场赚钱的机会来了。接下来介绍七种容易赚钱的市场，每一种市场都有赚钱的机会，就看你能不能抓住。

> **容易赚钱市场的画像一**
> 全行业都在打低价——价格未完全分化的弹性市场
>
> **盈利原理：**
> **人的消费是分层的**

第一个容易赚钱的市场是全行业都在打低价的市场，说明这个行

业的价格未完全地分化。那为什么它是容易赚钱的市场呢？因为人的消费是分层的，有的人是有钱人，有的人是中产阶层，有的人是工薪阶层，他们的消费水准肯定是不一样的。

如果你经营的品类属于强势品类，大家都很在乎，关注比较多，不管有钱没钱都关注，那么在强势品类里如果出现全行业都在打低价的现象，那就说明这个行业的价格未完全分化。

人的消费是分层次的，行业也是分层次的，比如矿泉水有1元的、2元的、5元的、10元的、15元的。打低价的强势市场只满足了低价人群，而没有满足所有人，尤其没有满足高价人群。

比如内裤市场。全行业卖的内裤价格段是19~59元。这个市场没有高价产品，没有强势品牌，所以蕉内抓住了机会，做了80多元、100多元的高价内裤。还有蕉下，卖高价伞，一上架就卖爆了，在市场里快速崛起。

代表案例

蕉内	烫
蕉下	嫚熙

做高价产品要的是商家的组合能力，做低价产品要的是商家的集中能力。因为你的价格高，所以你可以选择优质的供应链、优质的背书、优质的产品设计、优质的视觉。你卖得价格高，才有机会成为品牌。在这个市场里，定价就是定经营战略，定价决定了你和谁做生意，也决定了你和谁抢生意，也决定了你轻不轻松。

如果你这个行业的产品可以卖30多元、100多元，也可以卖200多元，价格是模糊的，那么这就是个赚钱的行业。

作业：请问你的类目是强势品类还是弱势品类，价格段是否完整？

十六、容易赚钱市场的画像二：产品有待翻新的市场

什么是规律？就是必然要发生的事情。产品有怎样的进化规律呢？就是从无到有，从有到异，从异到强，从强到专，从专到精，从精到美。每一个阶段，都有一次赚钱的机会。从无到有，就是先能用就可以；从有到异，就是有点差异化；从异到强，就是从差异化产品变成多功能产品，把很多产品性能集中在一起，比如智能手机就是多功能产品，可以形成巨大的规模；从强到专，就是产品细分，比如手机有老年手机、学生手机、儿童手机、登山手机、防水手机等；从专到精，就是做得很精致，价格、视觉、产品都很精致，说明市场已经进入高度成熟期；从精到美，就是做成品牌，有美感、有文化。

产品进化规律

从无到有 → 从有到异 → 从异到强 → 从强到专 → 从专到精 → 从精到美

我们要看自己所处的行业在什么阶段，才知道下一代产品长什么样子。如果处于从无到有的阶段，那就说明它没有差异化，只要稍微给它差异化，我们就能赚到钱。如果它有点差异化，没有多功能，把它变成强功能产品就赚钱了。如果它只有强功能，而没有专用的，那

你做细分就赚钱了，比如沙发有小户型沙发、大户型沙发。

我要讲的第二个容易赚钱的市场就得靠这个产品进化规律来判断。你一定要记住，如果你发现一个行业的产品多年来都是千篇一律的，那说明这个产品亟待迭代升级。

> **容易赚钱市场的画像二**
> 全行业产品多年千篇一律——产品有待翻新的市场
>
> **盈利原理：**
> **标品必然走向非标品**

产品一定会从标品走向非标品，如果产品是从无到有，那它一定会朝着上述的方向进化。在这个过程中，会诞生高客单价产品。在千篇一律的市场里，你的产品做得有特色，就很容易赚到钱。标品没有美感，所以标品一定会走向非标化，具备美感，会出现有质感的品牌。

比如鞋架到鞋柜的升级。一开始放鞋没地方，就做个鞋架子，之后有人给它挡一块布，后来慢慢变成鞋柜。然后有的人在鞋柜里放各种各样除臭的东西，变成多功能鞋柜，再然后可以旋转、组合等。有一些做成小户型的，很薄，又做得很精美，有各种各样的花纹和风格。慢慢地，有很多品牌专门做鞋柜定制。这就是产品进化的路径，商业的发展规律就是这个样子的。

类似的案例还有小罐茶，它就是多功能的，每种茶有各自的功能。它的包装也很精致，很美，很有文化。

代表案例

小罐茶	格林先生
小蓝瓶	菠萝斑马

作业：请问你的类目是标品还是非标品，如何进化产品升级？

十七、容易赚钱市场的画像三：可平移的市场

> **容易赚钱市场的画像三**
> 同类人群关联行业，消费频率一致——可平移的市场
>
> **盈利原理：**
> **消费层次的协调性**

第三个容易赚钱的市场是同类人群关联行业、消费频率一致的市场，也就是可平移的市场。它的盈利原理是消费层次的协调性。

有钱人身边没有特别穷的人，都是和他消费层次差不多的人。市场中也有这种现象，叫同类人群，他们的消费频率是一致的，在不同行业中的展示是一致的。一个很古香古色的茶室里，家具、灯饰肯定偏向古香古色类的。有钱人住的是豪宅，开的是豪车，这就叫消费频率一致。

消费者的消费层次一般是一致的，人不会和自己的内心相冲突。消费层次的协调性要求消费者必须做一致性协调消费，因此你可以通过研究一个品类的消费状况，来判断与之协调的消费品类会发生什么变化。

代表市场

| 女装到女鞋 | 家具到灯具 |
| 母婴到孕产 | 护肤到养生 |

有高端的母婴产品就必然有高端的孕产品，它的整个逻辑应该是匹配的，不可能小孩用高端产品，孕产妇用低端产品。家具、灯具也是一样的道理。有这种家具就必然要配这种灯具，家具类目的进化决定了灯具类目的进化。还有很多的关联市场，比如护肤和养生，女装和女鞋。当一个价位段的鞋子在崛起的时候，这个价位段的女装也一定在崛起。

消费者买汽车方向盘套的时候，可能还会买汽车的燃油宝，买防偷窥的玻璃膜，买防雾器，买车载冰箱，买车载电池。这是同一类人群在车里这个场景下的需求，你可以思考它们之间有什么样的关联。你还要思考消费者在什么场景下使用你的产品，消费者使用此产品时与什么搭配。

作业：请问你的行业有哪些一致性消费机会？

十八、容易赚钱市场的画像四：信息严重不对称的市场

> **容易赚钱市场的画像四**
> 信息不对称的高客单产品——信息严重不对称的市场
>
> **盈利原理：**
> **消费安全性缺失**

有一句行话是：信息不对称，乱世出英雄。行业越乱越好，越有机会，这就是行业信息不对称引发的结果，如果信息太对称，这个行业肯定很难做。

信息透明，它的价格一定透明，利润也一定透明，所以我们要优先找一个信息严重不对称的市场。如果这个行业的价格弹性系数很大，产品卖多少钱可以由你自己来决定，那这个行业就是一个很有机会的行业。如果价格没有弹性，那么这个行业做起来就特别难。

一个学员在苏州打造了一个婚纱的集散地，做了大概 3 年，一直在亏损。婚纱不是一个长期使用的产品，退货率很高，可以达到 50%，而且退回来的婚纱不能二次销售。

通过研究，我们发现越是低价的婚纱，退货率越高，所以我们建议把价格定高一点，比如500元、800元、1000元。我们给出的页面文案是：我们坚决不卖500元以下的婚纱！

为什么不卖500元以下的婚纱呢？因为根据我们对这个行业的了解，500元以下的婚纱，质量较低，穿上去容易开线，结婚那天突然开线了，那是什么感觉？此外，500元以上的婚纱能实现塑形的功能。这个学员公司做的婚纱就使用了微弹面料，能达到塑形的效果。

很多人的身材没有那么完美，所以不会买500元以下的婚纱，愿意买500元以上婚纱的人，不会轻易地退货。通过这样一个调整，学员公司的利润大幅提高，退换货率也下降很多。同时他还做了一些周边的产品，比如婚纱的配饰、婚鞋等，最终实现了盈利。

在消费者不懂这个行业、缺乏识别判断能力的时候，最基本的判断标准是：贵的可能就是好的，销量最大的可能就是安全的。

代表市场

冬虫夏草	燕窝鱼胶
护理仪器	红木珠宝

我们可以从信息不对称的角度来对消费者进行一定程度上的思考。比如电脑的各种各样的配置，大家都知道，所以钱很难赚。比如冬虫夏草，便宜的，消费者敢买吗？他不敢买，所以他就认为贵一点就是好的。比如紫砂壶、珠宝，消费者买价格高点的概率会更大一些。在信息不对称的市场，谁率先给消费者建立产品标准，谁就是赢家。

你可以思考你的行业里有没有信息不对称的维度，甚至你可以创造这种维度,给消费者判断产品好坏的一个标准。比如卖灯,你的文案可以写:28天只做一盏灯,你的别墅,我的灯。客户并不知道你多少天做一盏灯,他只会认为你这个灯肯定比别的灯好。

作业:思考如何创造产品的信息不对称。

十九、容易赚钱市场的画像五：竞争不充分的市场

> **容易赚钱市场的画像五**
> 淘宝店大量盈利——竞争不充分的市场
>
> **盈利原理：**
> **竞争对手较弱**

企业赚钱和人赚钱是一样的道理，看你在什么平台和谁竞争。你赚钱的时候，是要和别人发生竞争的，而竞争最关键的是什么呢？就是你的竞争对手要弱，要能显示出你的竞争优势来。所以你的对手是谁很重要。

第五个容易赚钱的市场就是竞争不充分的市场，也就是竞争对手较弱的市场，叫赚不赚钱看对手。如果商家在淘宝的市场里都能赚到钱，那你可以赚到钱，如果你拿个天猫店去做，那更有机会赚到钱。

有一个学员和我说，他很早做蛋糕、蛋糕叉之类的东西，做电商这些年开了7家店，没花过一分钱广告费，他只会做一件事，就是上新。他的店铺产品线特别多，有300多款产品，一年可以赚200多万元。他的同行除了一家做得特别大的天猫店，剩下的多数是淘宝店，都能盈利，这就是典型的竞争对手弱的市场。

市场特点

付费率低	页面粗糙
铺货量大	店群覆盖

这种市场有四个特点：

第一个是付费率低。同行的广告费都在5%以内，甚至没有广告费，说明它的市场竞争度不够，肯定是竞争比较弱的市场。

第二个是铺货量大。就像上面那个学员一样，铺了很多货，他的商业模式就是铺货开店。铺货开店没有什么技术含量，不用太努力就能赚到钱，说明这个市场是个好市场，很容易赚到钱。

第三个是页面粗糙。如果一个店铺的页面不好看，图片像是从网上扒的生图，说明整个行业对美感的要求不高，也是比较好做的。

第四个是店群覆盖。商家开了很多店，不怎么精细化运营都能赚到钱，说明这个市场比较好做。

具备以上四个特点的市场特别适合中小微卖家，能赚小钱。如果一年想赚1000万元以上，那这种市场就不合适，因为体量不够，利润值也没有那么可观。

思路

不常搜索的冷门类目
特殊需求的B端类目
小众细分的零散类目

作业：思考哪些类目是上图所示的类目。

二十、容易赚钱市场的画像六：品牌延展空白的市场

> **容易赚钱市场的画像六**
> 全行业无知名品牌——品牌延展空白的市场
>
> **盈利原理：**
> **产品的高级阶段是品牌**

有些类目没有强势品牌，这种类目属于弱势类目，如果你能在这个类目中做个品牌出来，那就可以做出巨大的规模，就一定可以赚到钱。

零售业竞争的核心是什么？是品牌和供应链，品牌是天，供应链是地，如果一个零售企业上不着天下不着地，那就很难生存。尤其对做到 5000 万元以上营收的企业来说，要么往上做品牌，占领消费者的心智，让他在心里永远记着你；要么往下做规模，靠强大的供应链实现多渠道的规模性布局，让客户一搜就可以马上看到你。

产品的高级阶段是品牌，对于没有知名品牌的市场，谁率先拥有品牌资源，谁就可以秒杀同行。有很多行业是没有品牌的，比如纸箱、胶带、手套、围巾、丝巾等，因为这些品类没有那么强的关联度，所以就不会诞生品牌。

强品牌×弱品类=类目第一

整个行业都没有品牌，就意味着这个市场存在一种机会，叫品牌延展。有个公式叫强品牌乘以弱品类，等于类目第一。它的意思是：在没有品牌的市场，如果有个其他市场的品牌延展到这个类目，顺带做一做，就可以做到行业第一。

代表市场

一次性内裤	杀虫灭鼠
跳绳单杠	围裙洁具

比如一次性内裤市场没有品牌产品，如果你有品牌资源，比如南极人、花花公子、恒源祥等，让这些品牌贴个标，那可以瞬间秒杀同行，做到类目第一。

如果你拿了一些代理资源，那就做弱品类。比如，你拿了美的品牌代理资源，去卖毛球修剪器或者塑封机，那可以做到类目第一。很多类目都是弱品类，比如跳绳、单杠、围裙、洁具等。

你要去找哪些市场是没有品牌在做的，然后申请做这些品牌的延展，贴上品牌的牌子，甚至你都不用升级产品，就可以干到类目第一。比如儿童定型枕市场，原来没品牌，比较好做，babycare进来了，普通商家就很难做了。

思路

这个类目有没有品牌？
能不能找到大品牌代理？
是不是和大品牌有关联？

作业：思考哪些类目是上图所示的类目。

二十一、容易赚钱市场的画像七：行业集体厚利的市场

> **容易赚钱市场的画像七**
> 定价系数普遍大于4——行业集体厚利的市场
>
> **盈利原理：**
> **以小博大的投资特征**

以小博大的市场才是好市场。电商的经营成本一点都不低，平均经营成本都在40%以上，包括房租、人工、水电、物流、税金、退换货损失、库存费用、生意参谋软件使用费、培训费、差旅费等。

定价定生死。如果你的定价系数小于2，你很难赚到钱。如果你的定价系数是大于等于2的，比如50元进的货卖100元，那基本合格，只要你找到专业的运营，就可以赚到钱。如果你的定价系数大于等于3，比如50元进的货卖150元，你找一般的运营就可以赚到钱。如果你的定价系数大于4，那就是厚利的市场，你很容易赚到钱。

以上给出了7种容易赚钱的市场画像，各有各的特点，下面集中给大家推荐一些具体的赚钱市场（这些市场处于第二利润曲线最佳区域）。

- 阿里巴巴批发价与淘宝零售价相差 4 倍以上的产品。
- 商家数量极少和销量一般，但是客单价高，单笔利润 1000 元以上，月销售 100 单的产品，以此类推。
- 淘宝店普遍盈利，单店利润 10 万元以上的类目和产品。
- 线下市场庞大、线上市场萌芽的类目和产品。
- 信息极度不透明的高毛利类目和产品。
- 整个类目付费推广少、视觉差、躺赚的市场。
- 趋势明显增长的风口性类目和产品。
- 市场全部低价，线下存在高客单的断层市场和产品。
- 没有执行群店霸屏的冷门类目。
- 拼多多平台中的细分市场。
- 亚马逊等跨境电商平台，80% 的商家盈利。
- 唯品会、京东等平台的空白类目和市场。
- 产品绝对差异化和刚需的兼并式产品。
- 其他符合非努力市场特征的类目和产品。

作业：请问你如何理解厚利市场？

二十二、赚钱与亏钱的根源分析

关于赚钱和亏钱的根源分析，我绘制了一张图。如下图所示，所有商业的诞生都是消费者的需求激发出来的，一定会出现对应的产品来满足消费者的需求。商业的本质就是找到好的产品匹配需求，并随着需求的提升而不断地迭代产品。

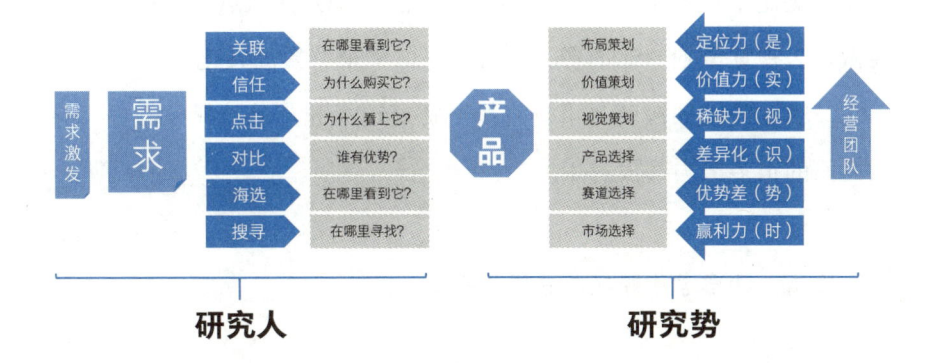

在这个匹配的过程中，消费者要做什么？他的需求被激发出来以后，他的第一个动作就是找产品，或者线下逛，或者线上搜。接下来，他会对比所有找到的产品，比较各自的优劣势，然后购买。你在消费者购买产品的全过程中，要研究什么呢？

第一，消费者在哪里搜产品。这就是市场选择，市场选择决定了你的盈利机会，如果你的市场选错了，那一切都白搭了。市场选择决定了消费者在哪里看到你的产品。比如，他要买一个壶，他在茶具市场、餐具市场、工艺品市场看到你的产品，就决定了他对你的产品有什么样的价值评估。再比如，在机场卖碗面，在小区门口卖碗面，在大商场里卖碗面，它的价格段是不一样的。

第二，你有哪些优势。他在选产品时，为什么能注意到你的产品？核心就是你和谁站在一起。消费者要的不是产品更好，而是不同，你的产品要有一定的差异化和价值。如何让他点击？就要靠视觉策划了，它是对产品的再一次塑造。再往上叫价值塑造，真正体现产品的实力。

你布局的重点在于，让消费者的一系列动作与你的运营团队的动作匹配。消费者在哪里搜寻，决定了你要在哪里做市场；消费者如何海选，决定了你应该用什么样的赛道逻辑参与进来；消费者如何进行对比，决定了你要提供什么样的产品；消费者为什么点击，决定了你要做什么视觉策划，让消费者的目光停留下来，提高转化率。

一般亏钱的根源就是市场选择、赛道选择和产品选择没做好，导致后面的很多努力都没有用。

作业：请思考你赚钱与亏钱的根源。

02 第二章 选对赛道 SUITABLE TRACK

「分析竞争对手,找到多快好省的赛道」

电商企业经营精髓
（大圣版权所有）

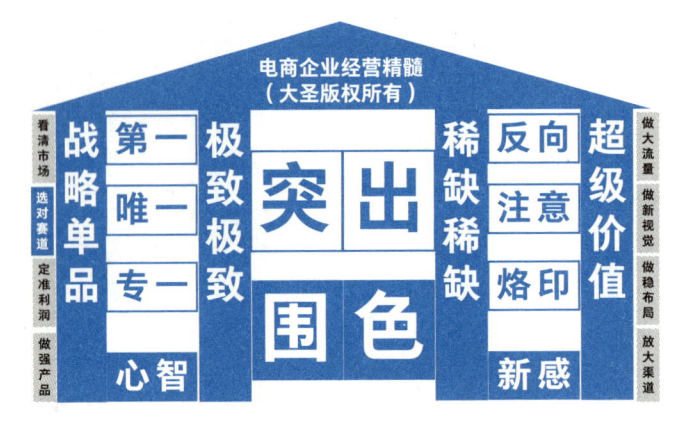

看清市场　战略单品　第一唯一　极致极致　突出重围　稀缺稀缺　反向注意烙印　超级价值　做大流量
选对赛道　　　　　　　　　　　　　　　　　　　　　　　　　　　　　新感　　　　　做新视觉
定准利润　　　　　　　　心智　　　　　　　　　　　　　　　　　　　　　　　　　　做稳布局
做强产品　　　　　　　　　　　　　　　　　　　　　　　　　　　　　　　　　　　　放大渠道

> 商战如同一场竞争，你能不能赚到钱，主要取决于你的对手是不是厉害，以及你是否了解你的对手。只有你充分地了解对手，知道对手的软肋在什么地方，才能知道如何去进攻。
>
> 我经常强调，一切利润来自对手，而不来自你自己的努力。你到底有多厉害，其实并不重要，重要的是你和谁在一起竞争。赚钱的难易程度、轻松程度都取决于对手。
>
> 在电商界，有一些企业推广上不是特别优秀、产品也很粗糙，但是仍然能赚到钱，原因是这个赛道里没有对手，或者对手相对来说比较弱。
>
> "选对赛道"这个系统的价值就是教会你如何分析竞争对手，如何梳理竞争位置，如何建立赛道竞争优势。

一、认识优质赛道

> 所谓赛道，就是比赛道路。一方面和谁比赛很重要，另一方面在哪种路况上比赛很重要。所谓优质赛道，就是多快好省的赛道——机会多，速度快，利润高，不费力。
>
> ——大圣老师

机会多，是指这个赛道有很多机会可以让我们折腾。速度快，是指整个赛道的增长速度是可以的，是能够快速见到钱的赛道。利润高，是指投入产出比高。不费力，就是干得比较轻松，不需要特别大的力气，不需要特别厉害的运营就能干好。如果全明星阵容才能干好一个项目，说明这个项目已经很难做了，这个赛道已经是全国级的赛道，而不是一个普通的竞赛了。

我们在一个道路上比赛，什么最重要？一是"赛"，即和谁比，要看和谁比轻松，和谁比才有机会获得冠军，体现的是你的竞争优势。二是"道"，即比赛的路况怎么样，是泥路、沙路，还是高速公路，体现的是赛道趋势。

优质赛道 = 竞争优势 × 赛道趋势

人的钱都是靠机会赚到的,靠趋势赚到的。每一个时代都有非常重要的赚钱机会,关键是你得选择优质的赛道。因为赛道选得对,你会发现创业机会就非常好。比如,全国人民都吃鸡,而且吃得很高频,所以黄焖鸡米饭这个品类就成了传奇。

电商企业的竞争是全国性的,所以商战打得更激烈,挑选正确的对手决定了我们能不能够凯旋。举个例子,海底捞做得非常好,但它在四川、重庆却做不起来,因为这两个地方的火锅全国有名,百年火锅店太多了。它在四川没有竞争优势,所以跳出来去其他城市发展,其他城市的火锅没有那么专业,消费者认为它就是正宗的四川火锅,加上服务又好,所以快速形成"海底捞才能做好火锅"的概念。

> 创业初期,对手是谁很重要。创业后期,要做到对手是谁不重要。
> ——大圣老师

作业:你所挑选的比赛对手,是否符合上述标准?

二、参考全国对手

> 做电商，要具备全国视野，不要只活在自己的行业里。
>
> ——大圣老师

电商一定要具备全国视野，只看自己的行业，会让自己变得麻木，同行都看前 10 名，都抄前 10 名，越看越像、越像越抄，最后同质化了。如果你跳出来，你会发现能找到很多灵感。

线下店铺的位置固定，生意圈固定，基本在 5 公里范围之内，但电商的竞争范围是全国。你只要做得好，你的同行就可以打开生意参谋或后台来研究你，然后低价进来群殴你。

有些电商老板很容易陷进细节里，因为他能够在后台随时看到对手，而且看得特别仔细，看到对手流量这么多，就会想为什么自己的店没有流量，于是被对手牵着走，往往就变得没有路可走了。

这么多复杂的对手，你要和谁比？你的优势是什么？回答这个问题的思路是：你要看全国，才能知道到底应该怎么做。

线下店铺是分区排列的，比如这个区叫服装城，那个区叫美食城。它还是分店比价的，消费者进到这个店就看不到另外一个店，这个店里的东西就这么多，你看不到别的店铺的东西，所以它是在一个店铺里体验。

电商不一样，是同类排列的，比如消费者搜船袜，就会出现非常多的船袜，而且高度相似。它的残酷性在于电商平台上有全国各种层次的竞争对手，你所参考的竞争对手会影响你的经营方向。只有站在全国视角，参考各种有借鉴意义的商家，才能击败你所在行业的竞争对手。

如何参考全国对手呢？我给大家推荐五维对手分析法。

1. 卖得好的电商

我们要向有结果的商家学习，分析行业里卖得好的前 20 名店铺，找出 3~5 个行业里的核心成交关键词，看每个关键词对应的前 20 名店铺是谁，同一家店还是不同一家店，它的布局逻辑是什么。

针对每个优秀的店铺，写三条自己的认识，比如店铺做得好的地方，做得不好的地方。

2. 卖得快的电商

成交速度快，意味着店铺一定符合平台的趋势。我们要分析它的哪些宝贝的流量是高于同行的，它的哪些宝贝的销量增长幅度是高于同行的，它的哪些关键词的增长是高于同行的，它为什么符合平台的趋势。

3. 卖得贵的电商

有些产品的价格很高，你觉得它应该卖 20 元，而某个店铺卖 40 元，而且它还卖得动，凭什么呢？我们要逐一分析，比如它是个品牌，所以价格比别人高；它的产品有特色，所以价格比别人高；它的消费人群特别关注这个品类，所以它有高溢价的支撑；它的产品属于稀缺的，所以有资格卖得高；它是行业的新品，行业里还没有人做，所以它有自由定价权。

分析完它的底层逻辑后，我们就可以考虑一下：既然卖那么贵都卖得动，如果我把它的价格降下来，是不是就可以卖得更好？是不是我也有机会把我的产品按照这个逻辑卖得更贵？

4. 卖得易的电商

有些店铺做得好像不费力，好像没有花太多钱，视觉做得很粗糙，产品也很一般，居然卖得很容易。如果你发现了这类商家，那说明它所处的是蓝海市场，说明这个市场的对手相对来说较弱。我们要向强者学方法，向弱者学生存。这种店铺的赛道是容易赚钱的赛道，是相对细分、相对垂直的赛道。

5. 卖得像的电商

假如你是卖婴儿安全座椅的，那婴儿推车的前 20 名能不能参考？婴儿玩具的前 20 名有没有看过？这一系列的婴儿用品都值得我们看，因为它们有异曲同工之妙。

我们要看同类消费人群的跨行业对手。假如你卖汽车后备箱，那么你要知道汽车方向盘套的前20名，汽车摆件的前20名，汽车燃油宝的前20名，等等。它们都是围绕汽车这个场景的，肯定有经验值得我们学习。

作业：请从以上5个维度，找出50个以上的对手来做参考，跳出行业看赛道。

三、找到对标对手

参考的对手，只是用来参考的，它们能给你很多灵感，而当我们真实地参与竞争时，必须有一个对标对手，而且要超过它。

龟兔赛跑的故事中，兔子耍小聪明，睡个懒觉，被乌龟超越了，虽然很励志，但是乌龟这个行为并不值得我们学习。从本质上讲，乌龟把兔子当作它的比赛对象是失败的。很明显，不是每一次龟兔赛跑它都能够取胜。做生意，光励志没有用，要理性，还得有感性。感性让你更好地理解他人，理性让你知道该怎么做才能更好地理解他人。

什么才是我们应该选择的赛道？谁才是我们应该选择的对标对手？这是我们需要去思考的。赛道选择的基本法是：成为其中强者，挑选其中弱者。要么你很强，对手很弱；要么你很弱，对手比你还弱，你才能赚到钱。

我的一个学员在合肥做的是内衣生意。他产品的卖点是大胸显小，这个市场已经是一个比较细分的赛道了。

他对我说："我们现在遇到个特别大的问题，我们分析了很多的数据，这个问题就是解决不了。我们都怀疑这个平台到底是不是公平的，是不是有一些特别的资源给那些特批的卖家？"

我问："你为什么这么想？"

他说："我们抓了对手产品中的一个产品做，明明点击率比它高，转化率也比它高，加购、收藏也比它好，就是免费流量没有它多，为什么？"

在我的进一步询问下，我知道了他的对标对手是类目 TOP，而他只是第三层级的商家。很显然，这位学员找错了对手。对手的宝贝数量非常多，整个流量来源的结构非常复杂，而这位学员的流量很少。

我说："其实不是你的点击率、转化率比别人高，也不是你的加购、收藏比别人好，而是你的流量少，因此显得高，相当于你的店铺进来两人，有一个人购买，转化率为 50%，而对手可能有 200 人进来，有 50 人购买，虽然它的转化率只有 25%，但是它的整个成交额层级、量级非常大。"

我问他为什么要把这个店铺作为对手，他说是因为他的客户经常流失到对手店铺去，所以这个店铺就是他的竞争对手。这个回答让我很震惊，为什么？因为客户经常流失到对手店铺，说明人家布局比你好，整个竞争态势比你好，他其实不是你的竞争对手，而是你的学习对象。很多电商到现在还分不清对手和对象。对手是用来消灭的，而对象是用来学习的。

对手判断

- **当前状况**：他做得比我好。
- **竞争基础**：他能做的我也能做，我能做的他现在没想到。
- **竞争自信**：他做得好是因为他没有遇见我。
- **竞争机会**：他目前有几点没做到位。

对手判断要看四点：第一，他当前的状况；第二，你的竞争基础；第三，你有竞争自信；第四，你有竞争机会。他要比你做得好，他能做的其实你也能做，而你能做的他可能现在还没想到，那这个对手就值得我们去竞争了。他做得好的原因是你没有出现，你肯定做得比他更好，这就叫竞争自信。为什么这么讲呢？因为凡是竞争，你仰视的对手都干不掉，你鄙视的对手才能干得掉。所以仰视对手者败，鄙视对手者胜。

关于竞争机会，我们要用到一些项目决策的分析工具，如SWOT分析法。这个工具从内部和外部、积极和消极四个维度来分析我们的优势、劣势、机会、威胁。比如优势，我擅长的是哪些？我的组织当中有什么新的技术，对手做不到？我们和别人不同的点在什么地方？比如劣势，为什么这个东西做不来？我缺什么？为什么对手能做？为什么他做得比我好？比如机会，我们想到的，对手没想到的点有哪些？比如威胁，在这个市场中还有哪些潜在的威胁？

SWOT 分析法		
	积极	消极
内部	优势（Strength） 独特能力 特殊资源	劣势（Weakness） 资源劣势 经济劣势
外部	机会（Opportunity） 优势条件 对手的劣势	威胁（Threat） 劣势条件 对手的不良影响

我们把优势、劣势、机会、威胁分析完，可以形成四种组合，即SO、ST、WO、WT。比如SO模型，就是我们有优势，机会还挺多，这样我们就敢投钱，可采取增长型战略。比如WO模型，就是我们有劣势，但还是有机会的，那我们就应该转型，就应该为了这个机会而去做这个转型，这叫扭转型战略。比如ST模型，就是我们有优势，但是却遇到了很多的威胁，那我们就应该多项目布局和多样化工作。比如WT模型，我们既面临威胁，又在这个地方有短板，那么这个项目就是有问题的，我们可以采取防御性措施。

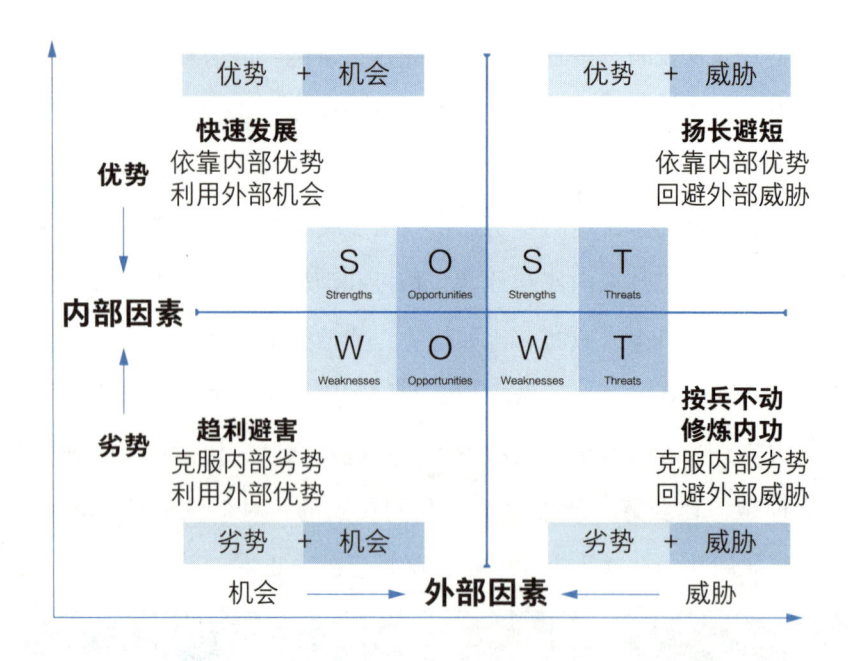

	优势 + 机会	优势 + 威胁
优势	**快速发展** 依靠内部优势 利用外部机会	**扬长避短** 依靠内部优势 回避外部威胁
劣势	**趋利避害** 克服内部劣势 利用外部优势	**按兵不动** **修炼内功** 克服内部劣势 回避外部威胁
	劣势 + 机会	劣势 + 威胁

内部因素 ↕ 外部因素：机会 ← → 威胁

S — Strengths
O — Opportunities
W — Weaknesses
T — Threats

作业：请使用SWOT分析法来分析你的公司。

四、剖析竞争对手

我们找到竞争对手之后,接下来就要解剖它,比如它成功的因素是什么,它的软肋是什么,这样我们才更容易取胜。

所谓知己知彼,百战不殆。所谓的"知"不是了解,而是要比对手还要了解对手。你要研究对手的思维,预判对方的行动。比如我了解对手是有工厂的商家,它做电商的目的就是养工厂,那显然它必须跑量,它有可能会打价格战。如果它做电商的目的不是养工厂,而是希望把利润做高,那么它不会愿意打价格战,它会忘掉自己工厂的身份。

举个例子。一个店铺的产品很多,而且动销一般,说明它有大量的库存,它想去研发新品很难。它必须不断地以低价来消化它的库存。如果我们抓它的核心产品,针对它的核心产品做一些包装升级,那么它肯定没有办法跟进。

当你研究竞争对手时,要问以下一些问题。

- 你的竞争对手的店铺共有多少产品?
- 你的竞争对手平均月销多少?
- 你的竞争对手前 10 名的产品是什么?有何不同?
- 你的竞争对手的产品有多少价格段?
- 每个价格段分别布局了多少个产品?

- 前 10 名产品下面是否有关联产品？
- 关联的是同一款还是不同款？为何这样关联？
- 前 10 个产品之间是否有联动？
- 产品主图布局分别是什么？有几种类型？
- 产品详情页是否风格统一，框架是否一样？
- 对手多长时间上一次新？什么选品标准？
- 上新的产品中，哪些被重点推广？何以判定？
- 对手的爆款产品有哪些？
- 爆款产品的定价逻辑是什么？
- 对手打造爆款的方法是什么？
- 我们和对手爆款的主要差距是什么？
- 对手的竞争优势有哪些？
- 对手的供应链是谁？其成本边界在哪里？
- 是否购买过对手的产品进行研究？
- 是否询问过其客户，为何要买他家产品？
- 是否加入过他们的社群，了解他们的做法？
- 目前对手团队有多少人员，核心人员是谁？
- 是否了解对手的创始人？
- 对手是否做了站外布局？布局结构是什么？

……………

诸如此类的问题还有很多，如果你都能回答上来，那么你的解剖就非常到位了。

作业：找一个竞争对手，做一次剖析。

五、学会错位竞争

当我们分析完对手之后,就知道了对手站在什么位置,那我们在竞争的时候,最需要避免的就是在同样的位置和它竞争。因为这样的竞争一定是同质化的,同质化的竞争只能拼效率,只能拼耐力,只能拼资金实力。这种拼法非常惨烈,所以我们要有一种错位竞争的意识。

> 高级的竞争是没有竞争,中级的竞争是不同的竞争,低级的竞争是同质化的竞争。
> ——大圣老师

在所有的竞争关系中,高级的竞争是没有竞争。一个企业如果没有竞争,那它就处于两个阶段:要么在一个空白市场,要么在一个垄断市场。如果一个企业的市场占有率在70%以上,那它基本处在没有竞争的状态,比如公牛,它的竞争对手和它的差距甚远。中级竞争是不同的竞争,就是企业各有各的差异。低级竞争就是同质化的竞争,最没有技术含量,成功率最低,而且最累。

举个例子。内衣这个市场非常大,有很多的大品牌,而新品牌

Ubras 的一款内衣做到了天猫内衣单品 TOP 1。它崛起的原因是什么？是它打了一个错位的概念，叫作无尺码内衣。很多人对它这个概念很感兴趣，它甚至拿到了风投。

还有的品牌专门针对孕妇做产品，比如嫚熙。它只做孕妇文胸、产妇文胸，在这个赛道里没有对手做得比它好。

作业：请找到自己所处行业中错位的位置，看看哪些地方还没有被占领。

六、赛道剖析地图

所谓的错位竞争就是我们站的位置要和对手不一样。该怎么找到这样的位置呢？需要赛道剖析地图的帮助。错位竞争的核心逻辑就是要对整个市场的作战地图有个清晰的认知。

这个地图有两个轴，横轴叫产品轴，纵轴叫用户轴。所有商业无非找到一个有竞争力的产品，卖给匹配的用户，因此不管商业怎么变，都是围绕这两个轴进行的。所以我们要对用户和产品进行深入的研究，并在这个地图中找到我们的位置，比如做到某个价格段的第一，作为某类人群的第一，做到某个细分垂直维度的第一。我们要对市场上的竞争对手进行分析，看看他们站在什么位置，还有哪些位置空着可以给我们机会去占领。

产品有很多种类型，我们要抓住某一个点，把自己的产品和其他产品区隔开来，比如手工女鞋，28天只做一盏灯，养了180天的羔羊肉，晒足180天的酱油，高原坚果，悬崖上的蜂蜜，等等。不要说市场没有机会，那是因为你对这个市场拆得不够细，当你拆得足够细的时候，你就能找到其中的机会。

有个学员原来做的是普通的工牌，后来他发现工牌不只是一种材质的，还可以用其他的材质，比如铝，而且铝制工牌市场没有多少人占领，后来他的店铺成为高端工牌定制的行业TOP。

用户也是可以拆分的，比如性别，有人专做女性汽车用品，有人专做女性的充电宝，有人做男性护肤品；比如年龄，有老年手机，有儿童手机；比如特征，有人瘦，有人胖；比如身份，有人是老板，有人是老师，有人是公务员；比如情感，有人希望能够愉悦自己，有人希望能表达爱。

赛道剖析地图

定位		材质成分	配方结构	功能属性	功效属性	工艺标准	原理逻辑	设计创造者	时间属性	空间属性	造型形状	风格属性	外观颜值	外在包装
高价 / 中高价 / 中价 / 中低价 / 低价	情感分类	痛点/关注点/期待点/兴奋点/优越点												
高价 / 中高价 / 中价 / 中低价 / 低价	身份分类	痛点/关注点/期待点/兴奋点/优越点												
高价 / 中高价 / 中价 / 中低价 / 低价	特征分类	痛点/关注点/期待点/兴奋点/优越点												
高价 / 中高价 / 中价 / 中低价 / 低价	年龄分类	痛点/关注点/期待点/兴奋点/优越点												
高价 / 中高价 / 中价 / 中低价 / 低价	性别分类	痛点/关注点/期待点/兴奋点/优越点												

市场作战地图进一步细化后，就能帮你找到用户的痛点、关注点、期待点、兴奋点和优越点。比如材质，用户对这个材质有什么样的痛点，有什么样的关注点，希望这个材质是什么样的，有的用户希望是速干的，有的用户希望不会起褶皱，有的用户希望材质比较轻。

痛点是用户愿意付钱的根，关注点是用户关注的面，期待点是用户希望你能有哪些改进，兴奋点是用户没想到你居然已经做到了，优越点是用户的面子，就是他愿意去向别人分享的点。接下来我会仔细分析产品轴和用户轴上的点。

作业：请按照此方法找一找你们市场中的赛道空位。

七、赛道剖析地图中的产品分析

产品竞争力是赛道竞争的根源，产品没有价值，在市场中很难赚到钱；产品拥有价值，就有机会赚到钱；产品拥有稀缺价值，就可以赚很多钱。我们要以产品为王，具备产品思维，对于产品的解剖越深入，赛道的竞争机会越大。那我们该把产品拆成什么呢？

产品轴	材质成分	配方结构	功能属性	功效属性	工艺标准	原理逻辑	设计创造者	时间属性	空间属性	造型形状	风格属性	外观颜值	外在包装

我们可以靠材质的创新来突围，可以靠成分的改变来突围，可以靠功能的优化来突围，可以靠配方的调整来突围，可以靠结构的梳理来突围，可以靠功效的展示来突围，可以靠工艺的改变来突围，可以靠设计原理、发明创造者以及它的形状、空间、风格、外观属性来完成我们的产品突围。

举个例子。很多人说狗粮这个市场太难做了，没有机会。如果你只用运营思维考虑，确实没有多少机会，但如果你用产品思维考虑，则不然。

狗粮产品轴分析

产品轴	材质成分	配方结构	功能属性	功效属性	工艺标准	原理逻辑	设计创造者	时间属性	空间属性	造型形状	风格属性	外观颜值	外在包装
	【材质】 肉 脂肪 蔬果 谷物 金银花 海藻 …… 【成分】 粗蛋白 粗纤维 粗脂肪 粗灰粉 动物蛋白	【配方】 低盐 免疫胃 调肠生菌 益骨素 软骨素	【功能】 补钙 美毛发 去泪痕 调肠胃 易吸收 防腹泻	【功效】 毛发亮泽 爱奔跑 食量多 精神足 变聪明 不挑嘴 易吞咽	【工艺】 锁鲜 发酵 酶解 冻干 无菌 闪融 欧美标准	【原理】 小分子团 破壁吸收 均衡营养 专粮专用 饮食习惯	【创造】 医生 宠物专家 发烧友 产品天才 ……	【时间】 新鲜度 多长时间 时间限制 ……	【空间】 哪些区域 哪些空间 哪些场景 哪些地理 ……	【形状】 组合 自制 条状 泥状 半成品 软粮	风格 简约风 国潮风 漫画风 彩绘风 欧美风 乡土风	【外观】 美感 艺术	【包装】 盒子 罐子 瓶子

当我们把狗粮的产品轴列出来时，就会发现狗粮产品可以分成这么多的阵地。比如材质，可以分为肉、脂肪、蔬果、谷物、金银花、海藻，很多狗粮是这些材质的组合，各种材质所占的比例各不相同，这就是一个非常关键的点。比如成分，有粗蛋白、有粗纤维、有粗脂肪等。你对这些成分稍微进行创新就不一样了，就像四面弹的牛仔裤和普通牛仔裤是不一样的，就像加了虫草花的红豆薏米粉和没加的是不一样的，这些成分上的创新可以成就爆款。

有一家店铺叫凯锐思，基本上你在平台搜狗粮就可以看到这家店，它就是用奶粉的标准来做狗粮，它说它的狗粮里含有 DHA，它的狗粮是专粮专吃的。所以你会发现，狗粮这个赛道里还有机会，前提是你要做好产品轴分析。你还可以问以下一些问题：

- 含有特殊材质和稀缺成分的狗粮品牌是谁？
- 调理肠胃的狗粮第一品牌是谁？
- 补钙狗粮第一品牌是谁？
- 免疫力狗粮第一品牌是谁？
- 零添加狗粮第一品牌是谁？
- 鲜粮狗粮第一品牌是谁？

- 软粮狗粮第一品牌是谁？
- 每日狗粮第一品牌是谁？
- 小分子狗粮第一品牌是谁？
- 配方定制狗粮第一品牌是谁？
- 泰迪专用狗粮第一品牌是谁？
- 营养狗粮第一品牌是谁？
- 小包装喂养狗粮第一品牌是谁？
- 可人食健康狗粮第一品牌是谁？
- 分解喂养狗粮第一品牌是谁？

除了狗粮赛道，T恤赛道的商家也可以问以下问题：

- 含有特殊材质和稀缺成分的T恤品牌是谁？
- 速干T恤第一品牌是谁？
- 抗污T恤第一品牌是谁？
- 国潮T恤第一品牌是谁？
- 原创T恤第一品牌是谁？
- 户外防蚊T恤第一品牌是谁？
- 文化T恤第一品牌是谁？
- 运动夜光T恤第一品牌是谁？
- 设计师T恤第一品牌是谁？
- 软骨T恤第一品牌是谁？
- 新棉T恤第一品牌是谁？
- 复古T恤第一品牌是谁？
- 高端T恤第一品牌是谁？
- 定制T恤第一品牌是谁？

2023年之后的电商，不要打行业第一的大爆款，不要做到类目第一，因为你只要做到类目第一，全行业都会在后台研究你，然后围攻你。因此，每一年你只要在自己的赛道里找到四五个细分的爆款，做细分型爆款、矩阵型爆款、高价型爆款，就可以赚到钱。

作业：认真分析一下你的产品机会还有哪些。

八、赛道剖析地图中的用户分析

用户是不断变化的，他们的需求是不断升级的。对用户的深入研究，是赛道剖析的重要方向。下面我们来分析用户轴。

用户的消费是分层的，分为低价、中低价、中价、中高价和高价，因此同样的产品会有5个不同的价位段。同时，在每个价位段，用户又可以按照性别、年龄、特征、身份、情感来分类。

性别、年龄好理解。特征包括高矮、胖瘦、油性皮肤、干性皮肤、敏感皮肤等。比如鞋垫赛道，很多商家卖的都是正常的鞋垫，而有的商家专门卖扁平足的鞋垫，一个鞋垫卖一两百元，因为它满足的是特殊的需求。身份有两个维度，一是家里的父亲、母亲、孩子，二是社会上从事不同职业的人，比如教师、医生、公务员、工程师、技术人员等。

情感分类指什么呢？人有尝鲜、炫耀、依赖、贪多、求快等心理需求，有的东西不是纯粹为了用，也可能是为了满足这些心理需求。有的人买东西是求快，比如充电5分钟通话2小时，有的人希望通过买东西表达优越感等。

比如电脑，有女性专用的电脑，有工程师专用的电脑，有专门打游戏的电脑，有专门给人定制的电脑，有专门P图的电脑，有很潮很酷的电脑。

比如沐浴露，有男用沐浴露，有女用沐浴露，有宝宝用沐浴露，有改善皮肤状态的沐浴露，如少女肌沐浴露。

比如手机，其实手机产品的研发已经到极致了，所以它开始按人群分了。你会发现市场上有卖盲人手机的，价格可以卖得稍微贵一点，可以让盲人听音乐，和别人互动，查阅资料等。

作业：请认真拆解你公司的用户轴，找到对手没有占领的阵地。

九、赛道剖析地图中的需求点分析

在第六节中,我们讲到要细化赛道剖析地图,找到用户的5个点,即痛点、关注点、期待点、兴奋点和优越点。

痛点是指用户不满意的地方,比如用户有顾虑,用户不愉悦。关注点是用户所关注的,放大用户的关注点,才能把他的关注点提炼成痛点或期待点。对手没关注到的,你关注到了;对手关注到的,你关注得专业了;对手关注得专业了,你关注得多了,你才有机会胜出。期待点是用户希望你做出改变、进行优化的方向。兴奋点是用户没想到,你替他想到,或者用户虽然想到但觉得很难做到的,最后你给他提供了惊喜。优越点是用户买你的产品,很有优越感,很有面子,愿意分享给其他人。

痛点
用户在体验产品或服务的过程中原本的期望没有得到满足而造成的心理落差或不满

关注点
用户在购买产品的过程中,关注的因素有哪些?逐一列出来

期待点
用户对于产品更高的期待值,希望商家做出改变的点

兴奋点
用户压根没有想到的惊喜,即市场上俗说的痒点和爽点

优越点
用户以此次消费为荣,能凸显其身份,愿意向其他人分享

1. 痛点

市场上有很多招聘网站，而 BOSS 直聘却可以快速拿到风投，原因就是它同时解决了企业和求职者的痛点。老板和求职者直接沟通，绕过了复杂的面试过程，既满足了求职者又满足了企业方，完成了双向的痛点解除。再比如阳澄湖大闸蟹，用户的痛点是怎么识别真假，而在螃蟹身上绑上标签，就解决了这个痛点。痛点是我们产品赚钱的方向。

2. 关注点

关注点怎么找？可以从用户评价里找。比如鞋柜，有的用户说"这个鞋柜有点占地方"，那这个评价的背后就是他希望买一个节省空间的鞋柜。有的电商就专门做超薄鞋柜，卖得非常好。关注点是我们产品找到机会的方向。

3. 期待点

比如有些人吃东西的时候发现没有勺子，于是商家就做了一个独立的包装，在里面装上勺子，这就满足了用户的期望值。期望点是我们产品研发的方向。

4. 兴奋点

比如很多人出门在外想带茶具，又担心碎了，而你做个一次性茶具，用完就能扔，这就是替用户想到了他的需求，也就找到了用户的兴奋点。

5. 优越点

比如小罐茶，找八个大师打造，给人一种优越感；比如海底捞，提供超级服务，给人一种优越感；比如华为手机，是爱国品牌，给人一种优越感。

优越点 = 少数人 × 价格昂贵 × 文化精神 × 产品限量

少数人买得起，少数人用得着，而且能形成一种独特身份，这就是优越点的塑造。按照这个公式，如果你的店铺做到了，那就会让用户觉得买你的东西有面子。

我们通过痛点、关注点、期待点、兴奋点、优越点的梳理，可以找到产品与用户之间的情感交流关系，也就找到了新的赛道机会。

作业：请认真分析用户对于产品的需求情绪，找出需求点。

十、学会赛道跨界

在自己的行业里，我们很容易陷入麻木，所以要经常跳出自己的行业，也就是跨界。跨界竞争是比较有效的竞争方式，用跨界思维来设计赛道的竞争策略，非常容易在市场中取胜。比如东方甄选，用讲课的方式来做直播，这个赛道就不一样了。他们卖大米时，讲了一首非常优美的散文诗；他们卖枣时，会让人想起自己的外婆。对于老师来讲，去做直播带货就是跨界，更是对其他直播的降维打击。

赛道跨界有两种常用的方法：一是以产品构成为本质跨界，二是以需求属性为本质迁移。

赛道跨界方法

以产品构成为本质跨界
以需求属性为本质迁移

比如感冒药白加黑，白天吃白片不瞌睡，晚上吃黑片睡得香，这个概念很厉害。而这个概念一直存在于护肤品和卫生巾领域，比如日霜和晚霜，日用卫生巾和夜用卫生巾。这就叫跨界，借鉴其他行业的产品构成，实现自己产品的创新。

再比如孕妇裤，孕妇的需求是希望别人关心自己、呵护自己。产品怎么才能体现对孕妇的关心和呵护呢？是借鉴婚庆赛道，包装变成礼盒，变得非常喜庆，给她一个精彩的开箱等。这就叫跨类目思考。

赛道各有不同，但本质都是用不同的形式去满足消费者，而消费者需要的就是买你的产品能让自己开心，能多快好省。因此，我们寻找跨类目的赛道去做借鉴，就能找到新的市场机会。

作业：请找到可借鉴的赛道进行分析。

SUITABLE TRACK

十一、赛道竞争的阶段性变化

赛道的竞争状态是阶段性变化的，不同阶段拼的是不同的优势，就像小时候拼的是可爱，长大一点拼的是聪明，再大一点拼的是懂事，成年后拼的是专业，做电商也是一样的道理。竞争分阶段，意味着我们在不同的阶段要用不同的竞争策略。一般来说，做电商要过五道关。

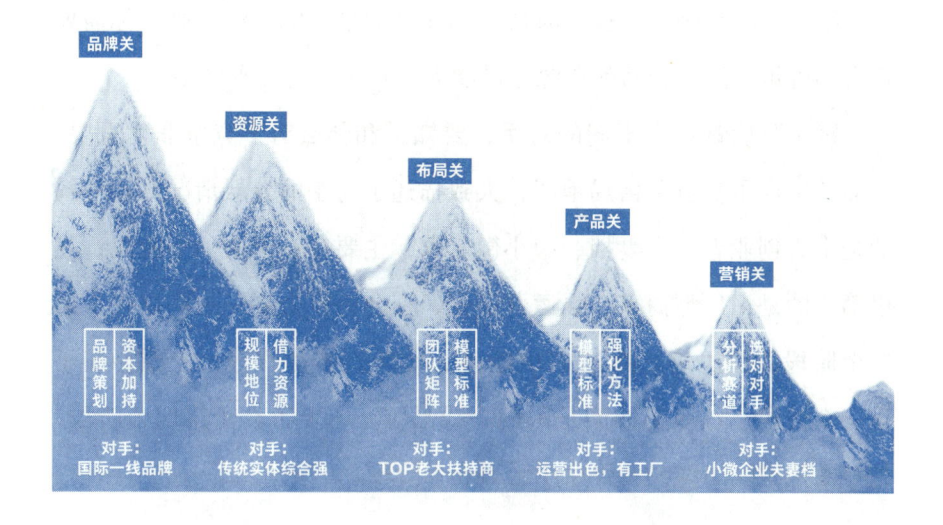

关卡	要素	对手
品牌关	品牌策划、资本加持	国际一线品牌
资源关	规模地位、借力资源	传统实体综合强
布局关	团队矩阵、模型标准	TOP老大扶持商
产品关	强化标准、强化方法	运营出色，有工厂
营销关	分析赛道、选对对手	小微企业夫妻档

第一个叫营销关。你的对手是小微企业、创业的夫妻档等。这个时候，你的产品不一定很厉害，你不一定很有钱，但只要分析好赛道，选对对手，你就可以赚到钱。

第二个叫产品关。当你做到 500 万元以上时，你会发现你不一定总能找到蓝海，只有靠产品策划，才能打败那些运营能力很强的工厂。这个时候你需要梳理产品开发流程，做出爆款，同时强化你的方法论，并在团队中形成共识。

第三个叫布局关。为什么你在第七层级，而对手在第五层级？绝对不是你不会打爆款，绝对不是你不会做推广，绝对不是你不会打价格战，而是因为对手的布局比你强。你需要做渠道布局、产品布局、动销布局，形成团队矩阵和模型标准，解决店铺的增长问题。

第四个叫资源关。要想真正和别人拉开差距，靠的就是资源，包括平台资源、各种大V资源、各种头部主播资源。只有做到行业 TOP 的地位，你才能借力资源，才能彻底甩开你的对手，去跟那些传统线下品牌对抗。

第五个叫品牌关。这个时候，你面临的是国际一线品牌，你需要拥有品牌策划能力和品牌资源建设能力，甚至还要资本加持。

每个阶段都存在不同的对手，要知道和什么对手竞争非常重要。下面的电商蛋糕竞争格局地图，大致描述了对手的分层情况。最外圈的是个人创业者、夫妻档、中小微卖家，主要存在于第一个阶段；往里第二圈是工厂型商家、强运营商家、资金充裕企业，主要存在于第二个阶段；往里第三圈是 TOP 企业、传统实体品牌等，主要存在于第三个阶段；往里第四圈是国内一线品牌，主要存在于第四个阶段；核心圈是国际品牌，主要存在于第五个阶段。

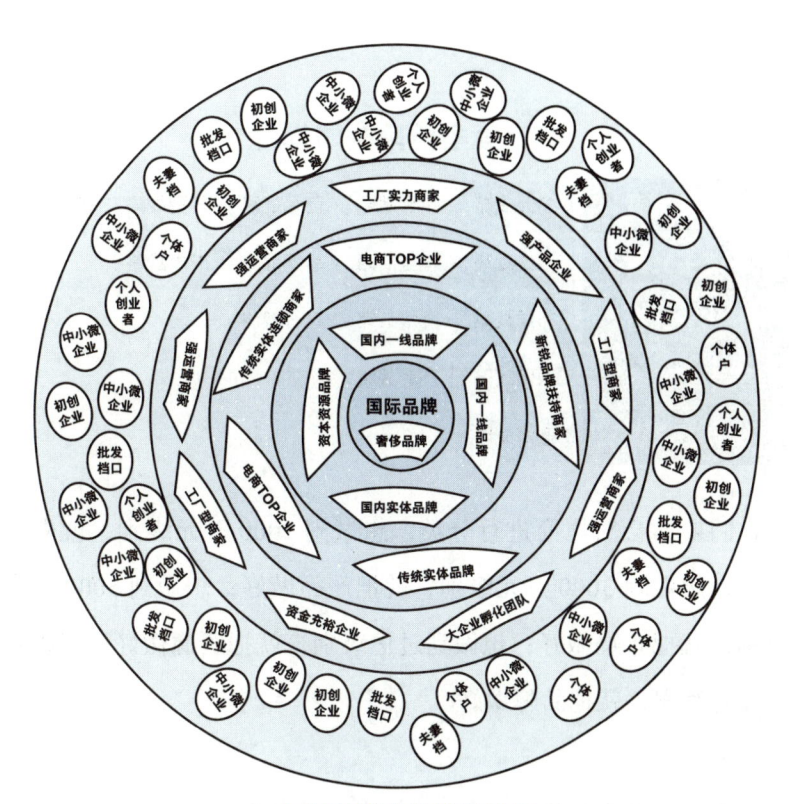

电商蛋糕竞争格局地图

电商在竞争的过程中有五种形态。第一个阶段的竞争者叫机会主义者，需要的是蓝海战略，要找到蓝海，找到你的细分市场，找到对手弱的市场。第二个阶段的竞争者叫实干主义者，需要跟随战略，先模仿再超越，然后思考产品战略，在模仿中学会创新。第三个阶段的竞争者叫进化主义者，需要布局战略、升级战略、跨行战略。第四个阶段的竞争者叫系统主义者，需要系统战略、模型战略、品牌战略、成本战略，要形成自己的供应链管理系统、财务测算系统、团队执行系统、店铺打法系统、爆款梳理模型、产品研发系统，只有这样才能从进化主义者走向系统主义者，越系统越能赚到钱。第五个阶段的竞争者叫创新主义者，需要多元战略、平台战略、蓝军战略、转型战略、整合战略。

竞争阶段战略模型

创新主义者	多元战略	平台战略	蓝军战略	转型战略	整合战略
系统主义者	系统战略	模型战略	品牌战略	成本战略	
进化主义者	布局战略	升级战略	跨行战略		
实干主义者	跟随战略	产品战略			
机会主义者	蓝海战略				

我们要学会对电商进行分类，想做到1000万元级别，就先把营销做好；想做到3000万元级别，就把产品做好；想做到5000万元以上级别，就把布局做好；想做到过亿级别，就把资源做好；想既有规模，又有利润，就把品牌做好。

作业：请问你在哪个竞争阶段？你的竞争战略是什么？

03 第三章 FIXED PROFIT
定准利润
「树立正确的定价思维」

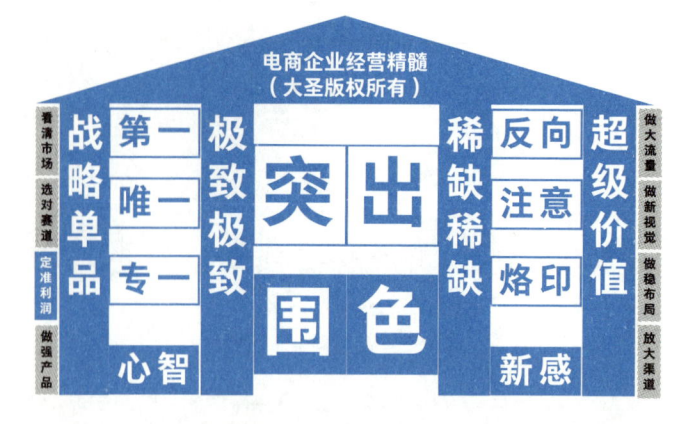

电商界有一句话：只要你坚持，你一定会赚钱；只要你坚持，你一定会亏钱。这句话的意思是电商变化速度特别快，赚钱的稳定性不强。那些能够持续赚钱的商家一定具有持续卖贵的能力，也就是拥有定价权。

很多企业会把各种成本全部算一下，然后就知道产品到底定什么价格、客单价是多少、人效是多少。

电商必须要有清晰的财务意识，至少要掌握三张表，第一张表是利润表，比如a店赚了多少钱，b店赚了多少钱，c店亏了多少钱，等等，要一目了然，每天要看到赚多少钱，亏多少钱。第二张表是访客表，比如今天这个店的访客是增加了还是减少了。第三张表是成本表，比如每个店增加了多少成本，减少了多少成本。

一、电商企业的三张表

很多电商，在第一年靠一个产品赚到了钱，但随着团队规模越来越大，慢慢就开始亏钱，因为成本在增长，利润在下滑，既没有办法面对激烈的市场竞争，也没有找到新的增长点。因此，一个电商企业优不优秀，要看它的连续盈利能力。如果一个电商企业连续三年赚钱，那它就不只是靠运气赚钱，它一定有一套自己的赚钱方法论。

电商的赚钱周期是三年，一个类目的竞争激烈程度是以三年为一个小周期而发生变化的。比如一个类目挺好做，是个蓝海市场，第一年你赚了300万元，没有人发现你，第二年，如果你还赚300万元，就有人发现你了，然后开始研究你、模仿你，所以你的对手变多了。第三年，如果你还能赚300万元，那么你的对手不仅变得更多，而且他们会和你打价格战，原来你卖一票可能赚100元，现在变成赚10元，甚至还会亏钱。

很多企业第一年赚钱，但撑过两年的比较少，撑过三年的就少之又少了，所以我们将三年作为一个赚钱的小周期。如果一个企业能够连续三年正增长赚钱，那说明它是一个优秀的电商企业。

每一个优秀的电商企业老板都有清晰的财务意识，至少掌握了三张表，即利润表、访客表、成本表。这三张表关乎电商命脉。

1. 利润表

关注盈利和亏损是老板的第一职责。a店赚了多少钱，b店赚了多少钱，c店亏了多少钱，等等，你要一目了然。你要清楚每天你的企业赚多少钱，亏多少钱。

2. 访客表

今天你的店有多少访客？访客数量是上升了还是下降了？访客数量的上升和下降与利润的增加和减少有很大的关系。

3. 成本表

每个店增加了多少成本？减少了多少成本？投入了多少钱？投入的增加有没有提高利润？

成本中占比最大的是产品成本，其次是管理成本和销售成本。关于管理成本和销售成本，我们做一个详细的拆解。

成本构成	
房租、水电、行政办公成本	7%
人工成本	10%~12%
广告成本	12%~15%
物流成本	7%
平台扣点	5.5%
税　金	4%~11%
上新成本	1%
折损、耗损	0.5~1%
包装成本	1%
库存减值	10%

第一个成本就是房租、水电、行政办公成本，加起来大概7%。

第二个成本是人工成本，你不能是光杆司令，你得有店长、客服（三班倒）、运营、发货、美工。北上广深杭的运营，底薪是8000元，好一点的可能12000元、15000元，其他城市会稍微低一点。北上广深杭的美工，底薪是6000~8000元，好点的可能1万元。当然也有那种在自家房子办公、用自家人干活的电商，那种就是低成本、轻资产的电商，不在我们讨论的范围。

第三个成本是广告成本，占12%~15%。直通车、引力魔方、淘客、万象台、抖加等，这些都得花钱。当然有些类目花得更多，可能占到20%。

第四个成本是物流成本，大概占7%。如果你做的是家具、灯饰等大件物品，那你的快递费占比得往10%以上算。

第五个成本是平台扣点。大卖家的扣点少一点，可能是4%或4.5%，一般卖家的扣点是5.5%。

第六个成本是税金。你必须要有税务意识，要交税，否则晚上睡不着觉。

第七个成本是上新成本，大概占1%。电商要想提高活跃度，要想拉新，就得上新。你得找模特，得拍照，得修片，如果你到外地拍照，还需要差旅费。当然，有的电商是卖马桶的，那恭喜你，往平台上一放，卖一辈子都没关系，但大多数类目是要上新的。

第八个成本是折损、耗损。你卖出去货以后，总会有消费者退换货，退回来就有可能不能卖了，退回来要重新上架、入库房，这些都是成本，占0.5%~1%。

第九个成本是包装成本，大概占1%。

第十个成本是库存减值。你备了100件货能卖掉90件，剩下的10件一直卖不动，这10件就是库存减值，一般占10%。如果一个卖家能卖掉 90% 的货，说明水平可以。

除了以上这些成本，还有其他一些成本，比如好评返现、买家秀返现、礼品赠送、满减满送、财务成本、咨询费、软件费等。

作业：请问你是否有清晰的财务意识？进行过企业精准的财务核算吗？

二、以利润为核心来把控经营

作为电商老板,你要清楚:哪个时段是赚钱的高峰期?在赚钱高峰期,你能赚到多少钱?每一单能赚多少钱?一年的动销是多少?

你最好不要给团队定销售额目标,比如你说今年要完成3000万元销售额,为了这个目标,你可能会增加广告费,参与一系列推广活动,这些都在折损你的利润。其实完成多少销售额不重要,重要的是你要赚多少钱。你要定利润目标,要始终以利润为核心来把控公司的经营。

假设我们定个利润目标——一年赚300万元,那么怎样达成这个目标呢?

一年中,真正干活的日子大概是300天,一年要赚300万元的话,一天大概需要赚1万元,当然会存在淡旺季的情况,所以淡季时一天可能赚1000元,旺季时一天可能赚2万元。

如果你的主力产品每卖1票只能赚1元,那你一天需要发1万单,这太难实现了。如果你每票可以赚10元,那你一天只需要发1000单,这个没有那么难实现。如果你每票可以赚20元,那1天只需要发500单,这需要多少流量、需要多少产品、需要多少店铺、需要几个平台、需要多少动销才可以实现?每单赚的钱越多,你需要发的单越少。

形象地说，做电商就三条路：一个产品卖 1 万件，10 个产品各卖 1000 件，100 个产品各卖 100 件。有的电商就跑动销，全店 400 款产品，日动销做 30%，月动销做 70%，一天可以发出 120 单，每一单可以赚 100 元，一天可以净赚 12000 元，一年可以赚三四百万元。

成本是工厂定的，价值是自己定的，关键是你自己到底要定什么价格。你卖多低的价格都有人觉得贵，你卖多高的价格都会有人买得起，要看哪个价格段最值得我们关注。

卖多低的价格都有人觉得贵
卖多高的价格都有人买得起

总之，最好的赚钱方法就是卖贵，把每单的利润做高。

电商真相

利润高，可以补齐运营弱的短板
利润高，可以低点击低转化盈利
利润高，可以高付费高成本竞争
利润高，老板有钱赚员工有劲干
利润高，产品能升级店铺有资源
一切的经营难点均来自利润稀薄

作业：确定你的利润目标，并思考如何规划和布局。

三、坚持低成本高利润的动态发展逻辑

我们都知道利润等于销售额减去成本，但是在经营的过程中，利润是会下滑的，而成本往往只会增长。所以天然的矛盾就是只要你发展，成本就会变大；只要你发展到引人注意，就会被别人模仿甚至抄袭，然后低价挤对你，你的利润就会变薄。这就是电商的增长陷阱，也是很多电商做着做着就不赚钱、做着做着就做不下去的原因。

只有理解电商的增长陷阱，你才能连续 3 年、5 年甚至 10 年赚到钱。谨记电商的增长陷阱，我们才能有节奏地增长、有控制地增长，而不是盲目地增长。

平台是不希望商家一家独大的，所以它只会把流量给你店铺中少数的宝贝，当你的店铺只有少数宝贝卖得动时，你就会拼命地投入资金去维护这些宝贝。当你的资金都集中在少数宝贝时，就危险了，如果平台稍微给你降权，你就惨了。

在从单一爆款走向多爆款的过程中，企业会有很多风险，如果你能顺利走完这个过程，那你的企业就稳了。电商的爆款模式让很多企业有单一的重仓能力，一直在维护这个爆款，所以做起来没有安全感。必须从单一爆款走向多爆款，必须扩张，这就是做产品线的动作。

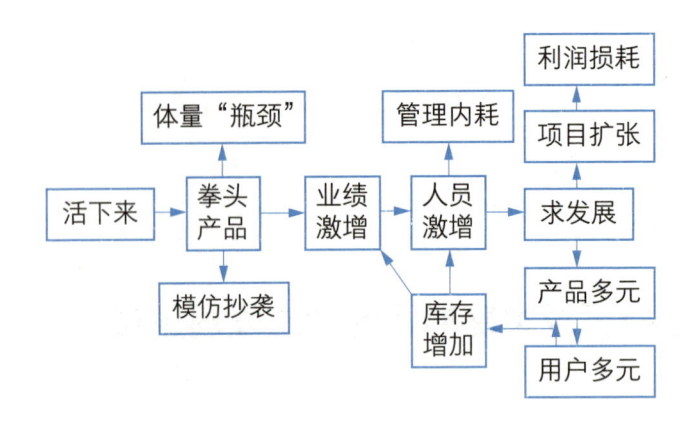

```
                    体量"瓶颈"      管理内耗      利润损耗
                        ↑              ↑          ↑
                                                项目扩张
                                                  ↑
    活下来 → 拳头产品 → 业绩激增 → 人员激增 → 求发展
                ↓                    ↑          ↓
             模仿抄袭              库存增加 ← 产品多元
                                     ↑          ↓
                                             用户多元
```

在电商界，你最开始的目标是活下来，然后有了拳头产品，做出了能产生巨大坑产的爆款。这时你有了流量、有了展现、有了排名，你的业绩开始激增，销售额从原来一天卖 1 万元，变成一天卖 10 万元。电商和线下商铺不一样，它的增长速度非常快。

业绩增长以后，你发现人手不够了，所以大批招人，人员激增，你的用人成本越来越高。你还得投广告，广告成本越来越高。但爆款的增长总是有"瓶颈"的，到了"瓶颈"，你就很难再突破，而内部又在扩张，管理出现内耗，模仿抄袭者也来了。你的同行发现你这个产品不错，利润挺高，开始模仿你，甚至还能给产品做个升级。

当同行都来做这个产品时，你的产品就没有稀缺优势了。他们不仅升级了产品，而且把价格降到很低，这个时候你开始面临危险，内外交困，只能求发展。那怎么发展呢？只有一条路，那就是做出第二个拳头产品。然后还和做第一个拳头产品时的遭遇一样，你只能继续做第三个拳头产品。随着你的产品越来越多，你的库存越来越多，你的客户越来越多，你的人员越来越复杂。怎么办？你开始进行项目扩张，比如开新店、开发新渠道，但这些新项目不是一定赚钱的，可能会出现亏损。

你的库存变多、产品变多、人员变多，会倒逼你去做业绩增长。为了业绩增长，你就要找更多的人，找更多的产品和项目。这就是一个恶性循环，很多电商就是这么死掉的。所以在这个过程中，你需要坚持低成本高利润的动态发展逻辑，谨慎地发展、控制地发展、有节奏地发展，并且始终知道发展的过程就是成本吃掉利润的过程。

电商界有句话：做大反而不幸福。企业小的时候，净利润可能有20%，做到过亿元后，净利润超过10%的很少见。所以你要考虑清楚，你要的是里子还是面子，是小规模高利润发展，还是大规模低利润发展，这是一个需要深度思考的问题。

作业：你们是否实现了低成本高利润的动态发展？

四、如何动态地控制成本

电商的增长陷阱,导致企业的成本在不断地增长,利润变得稀薄,所以这一节主要讲如何压缩成本,以达到预期利润。

你想要更多的收入,就得投入成本,所以不存在最低成本、最高利润的理想状态,但是作为电商老板,必须要有成本控制的经营意识。你需要在确定性的收入下,不断地进行成本控制,即收入确定增长,成本才能增长,收入一旦下滑,成本必须收缩。

现在电商已经彻底进入高成本时代。2019年之后,做运营的人出去创业的情况越来越少,因为创业的门槛大幅度提高,成本非常高,而且成功率非常低。

作为已经在电商扎根的企业,我们该如何进行成本控制?在收入没有大的增长的存量市场中,我们更多地要减成本,减掉成本就是创造利润。

1. 坚持人效原则,减少人员数量

有一个学员开了两家箱包店和一家男装店,团队有20多人,我问他赚不赚钱,他说已经亏了将近200万元,然后我问他一个月可以做多少业绩,他说一个月只做40多万元的业绩。很明显,这位学员

公司的人效非常差，平均一个人做 2 万元的业绩。

我问他为什么要开三家店，他说原来他是做箱包的，就开了一家网店，做得不成功，以为开两家店就能成功。后来有一个朋友告诉他，男装比箱包的利润高，所以他就又开了一家男装店。我建议他先停掉两家店，主要做一家店。他觉得男装没有优势，箱包有点优势，就把所有的精力放在一家店上。我建议他减员，留下七八个人就够了。经过 4 个月左右的调整，他的企业就开始赢利了。

人效多少才是合理的呢？北上广深的电商里，人效要大于 10 万元才合理，在普通城市，人效要做到 7 万元以上。

2. 坚持人才原则，减少高工资岗位

很多公司里都有占着高职位但产出非常低的员工，他们一般跟着公司很长时间了，属于元老级员工。这些员工躺在功劳簿上，不再努力、不再进步，成为公司进步的障碍。作为老板，你可以保证他们的基本收入，但绝不能再给他们高职位、高工资，可以让他们做培训或者做顾问指导。释放出来的工资奖励给肯干的年轻人，我相信你公司的战斗力会提升很多。

3. 坚持品效原则，降低产品成本

坚持品效的原则，砍掉你公司所有的低访客贡献产品、低利润产品。产品是分级的，首先是高点击高转化的产品，其次是高点击低转化的产品，再次是低点击高转化的产品，最后是低点击低转化的产品。砍掉低点击低转化的产品，节省你的精力和成本。砍掉低利润产

品，不要去增加额外的库存、额外的备货成本。

4. 坚持营收原则，降低行政成本

作为老板，要给自己的公司制定一个节约守则，尤其领导层要遵守，省下来的行政成本，用来激励业绩最好的部门。

善用智能系统也能节省行政成本，比如运用网上智能客服、智能作图软件、智能摄影软件、CRM 管理系统、OA 系统、智能开会系统，都能提高工作效率，降低行政成本。

5. 坚持借力原则，降低部门成本

把一些简单的重复性工作外包出去，比如把非高客单客服外包出去，把快递的云仓外包出去。如果你的产品是标品，美工不需要经常作图，也可以把美工外包出去。有些电商会把公司搬到一个偏远的地方，省下不少成本。

我们要具备省成本的意识，谨记成本是能吃掉利润的，每省一分钱的成本，就是创造一分钱的利润。我们要居安思危，时时刻刻知道我们不容易，只有会省钱，才能明白赚钱之难，也就会赚稳定的钱，所以才会过得更好。游泳时，淹死的都是会水的，就是这个道理。

作业：思考一下，你能从哪里节省一些成本？

五、定价的本质

定价是定生死的，定价决定了我们的利润额和利润率，如何给产品正确地定价，是一个非常重要也非常复杂的问题。所以从这一节开始，我会详细剖析定价这个问题，涉及定价的本质、定价的逻辑、定价的原则、定价的方法。

> 价格高了卖不动，价格低了不赚钱，价格如何定在利润最大化的区间内，是一门科学。
> ——大圣老师

1. 本质一：定价就是定利润

定价就是定利润，有个运动鞋品牌的定价是成本的 8 倍以上。当你的利润高了，你就可以拿出多余的利润来升级产品、美化页面、激励团队。

有个学员的产品进货价是 59 元，卖 100 元，最后赚钱特别难，我建议他卖 200 元以上，他担心卖不动。其实我想告诉大家，消费者从来不知道你的产品进货价是多少,他们只关注买了你的产品能获得什么样的价值。所以,你可以以小博大,把利润定高。如果你想卖200元以上,那你就按照这个价格来描述产品。

有个潮汕的学员卖文胸,价格是19元、29元、39元,尺码多,颜色多,库存大,做得很辛苦。我建议他,用四五个人开个店,只卖139元的文胸,修改一下产品的页面,换一下产品的包装盒,提高一下团队成员的奖金。几个月之后这位学员和我说,139元的文胸卖得不错。他以前一天的广告费控制在2000元之内,现在一天至少要花掉5000元,但利润高了。他发现直通车投产可以赚钱,每个客服都非常重视转化,团队绩效提升了。

2. 本质二:定价就是定体量

定价就是定体量,定价低,体量可能会大一点;定价高,体量可能会小一点。如何才能让体量和利润、有利润的体量和销售体量达到最好的平衡呢?答案是:低价打集中,高价打组合。

有个杭州学员卖护膝,别人卖20多元、30多元、50多元、60多元,他卖200多元,已经做到行业第一,但体量很小。我和他说:你的价格太高了,所以要把产品线拉开,既要有护膝,也要有护腕等,只有做产品组合,才能把体量做起来。

定价,就是我们选择和哪些同行抢生意。
这关乎你是否轻松且持续。
定价,就是我们选择和哪些客户做生意。
这关乎你是否快乐且赚钱。

3. 本质三：定价就是定对手

定价就是定对手，你的定价越低，你的对手越多；你的定价越高，你的对手越少。当然，你的定价高，意味着你的对手可能是品牌；你的定价低，意味着你的对手可能是工厂。前面讲过，对手是谁很重要，它决定你赚钱轻不轻松。

低价的对手只能卖同质化的产品，一般备货量大，会不计成本销货。高价的对手一般是品牌，但反应慢一些。低价的产品，卖点最丰富；高价的产品，精神价值最丰富。把两者结合起来定价，就是最佳的定价策略。

4. 本质四：定价就是定客户

价格高的产品所对应的客户，比较忠诚，比较好服务。有些高端客户，就算对你的产品不满意、不喜欢，也懒得退，而是直接扔了，或者放一边。价格其实是在帮你筛选客户，也决定了你和客户的沟通方式。你到底想服务哪类客户，这个很重要。

5. 本质五：定价就是定合作

定价高，利润高，我们可以给工厂多分利润，工厂就愿意给我们开发新款，愿意给我们提供市场情报；我们可以找优质的人才、优质的视觉服务商、优质的达人代言。定价决定了合作的方式。

6. 本质六：定价就是定门槛

定价就是定门槛，就是定竞争门槛。如果你的定价比较高，就意味着很多人不愿意去干，为什么？因为大卖家觉得没有什么体量，小卖家觉得自己干不了，价格太高。

你会发现，定价高的卖家活得更久。虽然它不一定赚得很多，但8年，甚至10年都很顺畅，每年都在赚钱。它的价格偏高，抄袭的人就少，卖这个价格段的人就少。

7. 本质七：定价就是定打法

定价决定了你的运营打法，如果你的定价很低，就意味着一定要跑量，走爆款路线；如果你的定价高一点，就可以走组合路线。你的定价高一点，你打的是价值战，侧重产品的差异化；你的定价低一点，你打的是价格战。

8. 本质八：定价就是定效率

如果你的定价很低，你的点击率、转化率就得高，你们整个公司的运转效率要很高，货品的周转效率要很高，也就是动销要很快，备的货要很多。如果你的定价高一点，你的点击率、转化率就没那么高，效率会低一点，但你的人效会变高一点。

作业：讨论一下你们公司的定价方针是什么，有何利弊。

六、错误的定价逻辑

定价既是一门科学，也是一门艺术，还是一门技能，所以定价是特别难做的事情。如果你的定价是 9.9 元，消费者会认为你的成本最多也就 3 元，如果你的定价是 99 元，消费者会认为你的成本大概三四十元，消费者会根据你的定价给你打个折扣来算成本。

面对不同的消费人群，针对不同的产品，在不同的竞争状态下，产品的定价逻辑是不一样的。我接触过很多商家，其中有些商家对产品的定价有很大的误区，背后的原因就是定价逻辑错了，所以这一节我给大家讲讲错误的定价逻辑。

价格意味着什么

| 利润率 | 利润额 |

价格意味着利润率和利润额，我们要优先考虑利润额，其次考虑利润率，利润额代表了你的发展动力，利润率代表了你在行业的生存空间。一定要在考虑利润额的基础上考虑利润率。比如说你卖一票可以赚 10 元，能卖 2 个月，而如果卖一票可以赚 8 元，但能够卖 4 个月。那你选择哪一种定价方式？我的答案是卖 8 元，因为它创造的利润总额会更高。

我们的生意要建立在销售周期的基础之上。比如你的销售周期是

3个月，如果你采用了一个非常高的利润率，使利润额无法上去，那么这个定价就是错误的。

定价合理的话，你不仅会获得生存空间，而且会获得发展动力，这样企业的发展才是良性的。每一个企业都要具备的一个能力不是定对价的能力，而是定高价的能力。

把价格定对，很难，因为定价涉及新品和老品，涉及进攻型产品和防守型产品，等等，非常复杂。每一种产品的战略目的不一样，它的定价逻辑就不一样，所以很难说这个定价到底是对还是不对。所谓定价对，就是事后诸葛亮。

你要先学会定高价，当你学会定高价的时候，你就一定能定对价。只要你定了高价，产品卖得动，就说明价格是合理的价格。

电商界有一个定律，就是利润一定越干越薄。比如一开始，你一单赚5元，一天做1000单，一天赚5000元，闷头发财，以小博大，慢慢发展，变成一单赚1元，一天做1万单，一天赚1万元。利润越来越薄，所以价格一定是从高走向低，当你高价卖不动时，才会降价。

价格由高往低，才是最正确的进攻行为。但很多商家特别喜欢一开始就定低价，为什么呢？因为他们认为卖高价卖不动，只有把价格降低了，别人才会认可。他们从来不认为价值是由自己塑造的，赛道是由自己选择的，利润规模是由自己核算的，他们只要门庭若市，只要忙起来，只要现金流。这种想法导致很多企业的生命周期只有2年到3年。

电商企业有四种：第一种叫有规模无利润，这种商家比比皆是。第二种叫有规模有利润，这种企业兼顾了利润率与利润额。第三种叫小规模有利润，不少电商企业就七八个人，但一年的利润有两三百万元，这也是一种不错的发展状态。第四种叫无规模无利润。这种商家交了很多广告费，结果是赔钱。

实践中，有很多电商采取了错误的定价逻辑，导致自己陷入无规模无利润的状态。

错误的定价逻辑

| 成本加价法 | 对手定价法 |

1. 成本加价法

很多电商在生产成本的基础上，加上要赚取的利润，就是定价。中国 80% 的电商企业是这么定价的，所以同质化的竞争比比皆是。

事实上，消费者只会根据你的定价来猜测你的成本，没有一个优秀的品牌是按照成本来定价的，比如苹果、耐克等。它们是按照价值来定价的，就是消费者觉得它们应该值多少钱，它们就定多少钱。

同时，按照成本加价法，你忽略了市场的变化，竞争只会越来越激烈，市场环境会不断恶化，你的价格只会越来越低，利润会越来越薄。

2. 对手定价法

比如对手定 69 元，你就定 59 元，你就是要干倒对手。请你记住，做电商是为了发财而不是为了发货，是为了致富而不是为了置气，你需要采取正确的定价逻辑。

这种定价方式的本质是薄利多销，其实薄利多销是最害人的商业理论，大多数优秀的企业从来不会选择薄利多销。

第一，薄利只会换来薄情。你把价格卖得低，其实是在侮辱你的消费者，侮辱你的员工，侮辱你的行业，侮辱你的劳动成果。同时，薄利多销让你丧失了前进的动力，因为你赚不到钱，就没有动力，没有动力就不会改善你的产品。

第二，薄利等于薄命。如果你的利润定得特别低，你的企业就活不久，因为利润低的企业，生命力特别脆弱，稍微受到冲击就死掉了。

我们要尊重客观事实，只有企业赚到钱，员工赚到钱，我们才能真正地热爱这个行业，才能做出更好的产品。所以，我们要摈弃以上两种错误的定价逻辑，学会正确的定价逻辑。

作业：你的定价逻辑是什么？

七、正确的定价逻辑

不同企业有不同的定价策略，比如有的企业靠的是私域流量和连续性购买，所以它的利润非常薄，而有的企业就要一次性把利润赚到。定价的总体原则是通过有效率的价格竞争实现企业的战略目标。

每家企业的战略目标不同，有的是为了获得访客，有的是为了获得利润，有的是为了打销量榜，等等。有些学员问我他的定价对不对，这要看你到底想干什么。如果你的战略目标确定，那可以判断你的定价策略对不对；如果你的战略目标不确定，那就很难判断你的定价策略对不对。

有个学员做的是滋补产品，他问了我一个问题：作为一家上市公司做的新锐品牌，我应该把价格定多高呢？他觉得，如果定得过高，就没有体量；但如果定得过低，就导致利润不高。

我问他：为什么你会考虑定得过高或定得过低？他说：我想做品牌，价格定高一点，消费者才觉得我们像个品牌，我们可以拿出钱做产品升级、服务升级，让更多的网红给我们带货。我们希望通过小红书、抖音等博主的推送，使我们的产品和品牌爆发，而很多新锐品牌都是从站外打到了站内，所以我们想走这条路。价格定低一点的想法是：在淘宝里先卖起来一定的量，所以就想给消费者好的性价比，等卖起来以后再涨价。

我问他三个问题，让他回答。第一个问题：你现在是不是有很多网红资源？是不是已经联系上了？是不是他告诉你，只要你的产品在淘宝里卖得好一点，他就愿意推你的货，还是他不需要你的产品在淘宝里卖得好，而是只要你给足够多的佣金，他就愿意推你的货？第二个问题：如果你把价格降得低一点，在淘宝里打出爆款，就意味着你的地位稳了，你涨价之后还有那么多消费者买吗？第三个问题：你最终想走的路，是不是让更多的网红推荐你，给你背书，让你变成品牌呢？不管价格定得高还是低，都要为实现自己的战略目标服务。只有清楚自己的战略目标，才能把价格定准。

有个学员是卖拖鞋的，销量能排到平台的前3名，他说以前一年赚一两百万元是正常的，2021年上半年他亏了将近80万元，他觉得淘客、直通车等推广资源都不管用了，不知道以后该怎么做了。我告诉他："平台的运营逻辑发生了变化，已经从爆品电商走向了精品电商，你的方法失灵很正常。"当时我问他："2021年下半年，你的战略目标是什么？"他说："下半年是拖鞋的销售旺季，所以我下半年的目标就是做几个爆款，赚100多万元，把上半年的账平了。"我问他："你怎么达到目标呢？"他说："如果下半年选的10个款中，有两三个能成为爆款，如果我的供应链不出问题，不会出现断货，不会出现货品的质量问题，如果我的对手不会打恶性的价格战，如果我的推广方法有用，如果我还能够做到前3名，那这个目标就能实现。"

他把这个目标的实现建立在很多"如果"的基础上，这就会有很大的不确定性。我问他："如果你所有的想法都没有达成怎么办？如果其中一项没达成怎么办？"他说："那肯定是做不起来的。"

我问他："卖一双拖鞋能赚多少钱？"他说："比如冬天的拖鞋，一般定价19.8元，能赚1.2元到1.5元，如果成本再高一点的话，可能就赚 1 元。"他还得提前给工厂钱来备货。如果是他设计款式、开模具，他就必须承担所有的费用。我问他："你们行业有没有卖 29 元或 39 元的拖鞋？"他说："有。"我说："29 元或 39 元的拖鞋的竞争对手是谁？做得最好的是哪几家？他们的店铺有多少个宝贝？它们的点击率、转化率分别比 19.8 元的拖鞋降了多少？他们一天的发货量是多少？"他说他没有研究过。

我又问他行业里有没有 39 元到 59 元、59 元到 89 元、89 元到 100 元的拖鞋，他说都有，但他同样没有研究过这三个价位段的商家。他说 89 元到 100 元的拖鞋的净利润得好几十元。

他说他从来没有研究过不同价位段的竞争对手，不知道哪个价位段的拖鞋最赚钱，不知道哪个价位段的商家最多，不知道价格段的利润由什么组成。我们需要思考的是：同样要赚 100 多万元，你到底要卖哪个价位段的拖鞋？同样要赚 100 多万元，你是要分一季卖，还是分两季、三季卖？同样要赚 100 多万元，你是靠 100 个产品，还是靠 20 个产品？

所有的选择都离不开确定、合适的价格。那我们应该怎么定价呢？我给大家的建议是两种定价逻辑：第一种是利润规模定价法，第二种是投产胜率定价法。

大圣圈子的定价逻辑

利润规模　　投产胜率

1. 利润规模定价法

做电商，你必须知道站在什么位置上吃蛋糕才是最快的、最容易的、利润规模最大的。比如卖拖鞋，你必须知道这个市场的利润主要集中在哪个价位段，不同价位段拖鞋的利润率和利润额有多少，有多少企业参与竞争，竞争对手的宝贝数量有多少，点击率、转化率有多少，日销、月销有多少，广告投放有多少，等等。你要弄清楚你想做的类目，各个价位段所对应的利润规模有多少。

2. 投产胜率定价法

投产胜率是指投入成本后，获胜的可能性。你要明确你的产品的特色，了解你的对手，明白在哪个价位段最容易获胜。你首先要考虑是否打得过对手，其次考虑赢得是否多。你可以依据这些思考，去给你的产品定价。

作业：请将这两种定价方法运用到你的行业中。

八、定价的七个原则

定价不仅仅是给产品定个售价、标个价格，很多时候它决定了产品的命运。比如恒大冰泉一开始的定价（4.5元）就导致了它既做不好商用市场，也做不好民用市场。你说它定价高吧，它没有依云贵，你说它定价低吧，它比很多矿泉水贵，在民用市场没有人接受。虽然电影院、酒店会议中心用它，利润较高，但民用市场中没有好口碑的话，商用市场也打不开。

关于定价，有七个原则，这七个原则很重要，我们依次来分析。

1. 根据消费者心中的价值，而不是你眼中的成本来定

原则一

应该根据消费者心中的价值，而不是你眼中的成本来定

经常有学员问我如何给产品定位，我的回答是：你怎么描述产品不重要，重要的是清楚消费者希望你成为谁，你就成为谁。定价的道理也是一样的，定价要根据消费者心中的价值，而不是你眼中的成本。消费者心中的价值决定了他愿不愿意花钱，而对于你的成本，他

根本不会做任何思考。

举个例子。市场上挂面卖得都很便宜，如果我们想进入这个市场，那我们可以做差异化产品，比如做土鸡蛋挂面，就是把土鸡蛋揉到面里去，其实成本没有增加多少，但可以卖得很贵，而不是稍微贵一点。我们可以告诉消费者：我们使用的土鸡蛋产量很少，面条产量很少，所以价格很高。

消费者心中对土鸡蛋有个高价的认知，如果你把挂面的价格定得高一点，他就会相信你用的是真的土鸡蛋，而不是普通的鸡蛋。价格是消费者对产品的价值判断，消费者觉得你应该卖多少，你就应该卖多少，或者你想让消费者觉得应该值多少，你就应该卖多少，而不是根据成本来定。

2. 价格由价值来支撑，要把价值表现出来

原则二

价格由价值来支撑，要把价值表现出来，消费者才明白他们的钱换来的是什么

价格由价值来支撑，要把价值表现出来，消费者才明白他们的钱换来的是什么。如果我们涨价了，就必须让消费者知道为什么涨价，让他觉得物有所值。路由器市场，大家都知道，主打的是可穿墙、防蹭网、不掉线，而且多数是两根天线。如果我们升级产品，想把价格定得高一点，那就要有差异化，否则消费者为什么要选择我们的路由器呢？我们要给消费者讲清楚到底贵在哪里，比如别的产品是两根天

线，我们是四根天线；我们的路由器叫高速路由器。消费者看到我们的天线多，就能认可我们的价格。

3. 做好牺牲部分销售额的心理准备

原则三

若想提高利润率，你必须做好牺牲部分销售额的心理准备

如果你想提高利润率，那就必须做好牺牲部分销售额的心理准备，比如提高定价可能会影响点击率、转化率、售卖周期、访客数量等。就像上一节讲的，定价要考虑利润规模和投产胜率，你要进行综合测算才能知道要不要提高定价。

4. 要以利润规模做动态的估算

原则四

要以利润规模做动态的估算，并考虑售卖时间和售卖过程中因竞争而产生的利润下降

我们要以利润规模做动态的估算，并考虑产品能卖多长时间，以及售卖的过程中会不会因为竞争而产生价格的下降和利润的下降。比如产品一开始卖 89 元，但这个价格不会持续，因为你的同行在抄袭你产品的时候就卖 79 元，这个时候你要不要降价呢？

你要考虑产品被抄的概率，以及被抄袭的时长，然后算一算，产

品卖 89 元时，能卖多长时间，有多少利润？卖 79 元时，能卖多长时间，有多少利润？卖 59 元时，能卖多长时间，有多少利润？只有把利润算得很明白的商家，才能真正地预判价格下降的趋势。

5. 调整价格的同时，必须调整产品或服务的结构

原则五

> 不管是提价还是降价，调整价格的同时，必须调整产品或服务的结构

如果你想调整价格，就必须调整产品或服务的结构。假如你要降价，你可以在外观不变的情况下，改变产品的材质、工艺，比如原来用的是实木，现在用三合板；原来抛 5 次光，现在抛 2 次光。假如要涨价，你可以提升服务和客户体验。当然，改变的前提是产品的外观和性能不发生根本变化。

如果你把价格降下来了，但产品没有任何变化，那你肯定会损失利润。当你面对下一次激烈的竞争时，你很可能就没有办法再抵御了。

6. 价格应具备可比较的竞争力，性价比是消费者下单的最大公约数

原则六

> 价格应具备可比较的竞争力，性价比是消费者下单的最大公约数

价格应具备可比较的竞争力，这一点特别重要。在电商平台上搜索任何产品时，消费者可以看到很多同类型产品，价格是他选购产品的标准之一。

消费者在平台搜索栏中输入的关键词越精准，出现的产品越相似，比价就越重要。一定要给消费者提供性价比高的产品，性价比是消费者下单的最大公约数，我们后面会专门讲这个问题，比如什么叫性价比、怎样突出性价比等。

7. 定价要服务于战略目标，即当前公司最需要做的事情

原则七

定价要服务于战略目标，即当前公司最需要做的事情

当前公司的战略目标是什么？或提高动销率，或提高销量排名，或提高访客数量，或提高利润规模，或提升品牌形象，或提高价格来应对原材料上涨，总之要有一个目标。每一次定价都是服务于每一个战略目标的。

你首先要明确当前公司最需要做的事情，然后才知道定什么价格是最合理的。

作业：你们的定价原则是什么？

九、性价比爆款定价法

在所有的定价方法中，性价比爆款定价法是最具市场竞争力的一种方法。所有的爆品都很有性价比。消费者在平台搜索出非常多的同类产品，他之所以会买某一种产品，绝大多数原因是这款产品性价比高，创造了超出他购买成本的额外价值。很多企业特别注重性价比，比如优衣库、星巴克、小米。那什么叫性价比呢？

性价比不等于低价，它是消费者最愿意给的价格，他特别愿意马上买，觉得这个价格超值。性价比是比出来的，一个产品给消费者的感觉很好，而价格又低于他的预期，这才是性价比。

一个产品有三个价值：第一个是成本价值，即产品是多少钱生产出来的；第二个是比较价值，即和大多数同类产品比较时的价值；第三个是感觉价值，也叫感知价值。消费者最关注的不是成本价值，而是感知价值和比较价值。

性价比取决于产品感知价值和实际售价之间的差别，如果产品的感知价值是 2000 元，而实际售价是 1000 元，那这个产品就极具性价比。性价比不是和你的同行比，而是和消费者的感觉比，所以我们需要找到性价比的感觉区间，并去塑造性价比，如下表所示，要想办法提升它的感知价值，同时努力地降低成本。

性价比塑造				
感知价值（升） 希望消费者感受到什么				
实现成本（降） 如何用最低成本实现此感知				

我们做一个爆款产品的时候，要思考如何不断地提升它的感知价值和降低它的实现成本。比如我们在红豆薏米粉中加上虫草花粉，既调湿又去湿，成本增加得很少，但是它的感知价值就不一样了，这时感知价值和实现成本之间形成巨大差别，性价比就出来了，市场竞争力就有了。再比如路由器，我们给它加两根天线，成本增加很少，但感知价值提升很多，既可以提高定价，又有很高的性价比，所以销售的反馈非常好。

市场上有一款带灯的化妆镜，很漂亮，卖699元，月销15件，可以说销售情况非常差，那么这个产品好不好呢？这个产品做了升级，8英寸的大镜面，运用了3D立体补光技术、Swing技术、L.P.T技术、无极调光技术，能60度来回调节，有差异化，有颜值，是一个好产品，有人买，加购率、收藏率很高，但没有大的动销。为什么呢？因为价格太高了，已经远远超过消费者的价格承受范畴，没有性价比，消费者不觉得需要花699元来享受你这些高科技。

如果我们做化妆镜，那么要做一款什么样的产品呢？首先要思考消费者需要什么补光效果，这是他最关心的；其次要思考镜子的尺寸，一定要8英寸吗？6英寸或7英寸行不行？最后要思考镜子需要60度来回调节吗？支撑的柱子需要两根吗？底座的面积需要多大？我们要提供的产品一定是成本不高、消费者觉得超值的产品。

有一款化妆镜，最低价到199元，月销6000件以上。它的特点是：镜面是 6 英寸，支撑的柱子有一根，旋转角度不大，增加了收纳功能，可以出差带着走，突出补光效果，并按照用户的需求将补光分为 1 到 5 档。总体来说，这款产品性价比很高，满足了消费者所有的需求，感知价值很高，价格又不贵。

市场上有一款艾草凉席卖得很好。普通凉席很便宜，这款凉席做了一个升级，加了艾草，作用是清凉驱蚊、补充阳气、身体修复。消费者很难判断这款凉席到底加了多少艾草，但只要让他觉得有艾草就足够了。这款凉席虽然卖得贵，但性价比很突出。

市场上有一款洗脚桶，把给脚底按摩的滚轮变成小的，既减小了面积，又增加了滚轮的数量，成本变低了，产品精致了，价格定得高，卖得还很好。

所以，如果你想卖 30 元，请把产品塑造成 60 元；如果你想卖 100 元，请把产品塑造成 300 元；如果你想卖 500 元，请把产品塑造成 1000 元；如果你想卖 800 元，请把产品塑造成 1600 元；如果你想卖 1000 元，请把产品塑造成 3000 元；如果你想卖 3000 元，请把产品塑造成奢侈品；如果你想卖奢侈品的价格，请把产品塑造成艺术品；如果你想卖艺术品的价格，请把产品塑造成古董文物，这就叫性价比。

性价比是比出来的，低价只能是苟活，而高价只能维持很少的体量，只有有性价比才能真正地红火，才能有规模有利润。

低价是有规模无利润，高价是小规模有利润，而性价比是有规模有利润，只有坚持性价比，企业才能做大做活。

作业：请问你是怎么理解性价比的？

十、最大化利润定价法

最大化利润定价法指的是综合考虑利润率、点击率、转化率三者之间的变动，以求最大的利润额。

定价过低和定价过高都不利于企业的竞争，也不能只是跟着对手来定价，觉得对手成功了，他们的定价就是合适的。不同阶段、不同竞争对手、不同产品的定价都是不一样的。

定价一调整，利润率、点击率、转化率必然变化，进而影响总的利润额。利润率决定了我们能不能赚到钱，点击率决定我们能不能获取访客，转化率决定了我们是不是有正向的销量累积。我们每一次调价，要清楚地知道价格定在哪里，才能实现最大的利润额。

为了更有效地调整定价，我们可以做一个点击率、转化率、利润额统计表，如下表所示。

点击率、转化率、利润额统计表

定价	参考对手	核心关键词	点击率区间	转化率区间	利润额估算

续表

定价	参考对手	核心关键词	点击率区间	转化率区间	利润额估算

比如我们是卖双肩包的,我们在平台上要搜索什么呢?我们搜"双肩包""国潮风双肩包""双肩包女"等关键词。我们会看到不同定价分别对应的店铺,把它们的点击率、转化率统计到上面这个表中,并估算利润额。定价主要有四种——98元、128元、168元、198元,我们以98元的定价为例,形成以下统计表。

98元双肩包点击率、转化率、利润额统计表

定价	参考对手	核心关键词	点击率区间	转化率区间	利润额估算
98元	A旗舰店	双肩包	3%~5%	2%~2.5%	XX元
	A旗舰店	国潮风双肩包	4.5%~5%	2%~3%	XX元
	A旗舰店	双肩包女	2%~4%	3%~4%	XX元
98元	B旗舰店	双肩包	3.5%~5%	2%~2.5%	XX元
	B旗舰店	国潮风双肩包	3%~5%	3%~4%	XX元
	B旗舰店	双肩包女	2.5%~3%	3%~3.5%	XX元
98元	C旗舰店	双肩包	4%~6%	3%~3.5%	XX元
	C旗舰店	国潮风双肩包	3%~4%	3%~4%	XX元
	C旗舰店	双肩包女	4%~6%	1.5%~2.5%	XX元

作业:请整理你们行业各个价格段产品的利润规模,以及利润率、点击率、转化率的变化情况。

十一、最大化展现定价法

如何使产品获得最大的展现，是我们在定价的时候需要首先考虑的问题。我们的产品展现越大，成交越多，之后会获得更大展现，继而形成滚雪球效应。

举个例子。如果你是卖鼠标的，鼠标成本是 30 多元，你想卖到 69 元以上，那到底是卖 69 元，还是 79 元、89 元、99 元，甚至 109 元呢？这时候你要考虑哪种定价会获得最大的展现。

为了让一个页面展现的宝贝更丰富地满足消费者，淘宝规定，按综合排序搜索时，一个关键词最多只展示同一个店铺的两个宝贝，而且一个关键词所展示的价格段要做到多元化，绝对不会让消费者只看一个价格段。同时，消费者有自己的消费标签，他看到的价格段是不一样的。当消费者对某个价格段没有特别指向的时候，平台会把价格段分得很平均。作为商家，对展现的价格段要进行研究。

我们要看销量排序，也要看综合排序，因为销量排序代表产能，综合排序代表可能。销量排序让好卖的宝贝卖得更好，而综合排序是让可能卖得好的宝贝卖得更好。

你要考虑在综合排序里搜鼠标时，什么价位段的展现是最大的。你可以把按照综合排序排出来的前 15 位的产品统计一下，看哪些价格段出现的概率最高，访客量最多。接下来，把每一个价格段都搜一遍，这样你的搜索更精准。按照综合排序搜完之后，再按照销量排序搜索。

搜索完鼠标之后，你再按照同样的方法，搜一下电竞鼠标和静音鼠标，看看它们的展现情况。最后汇总成下面这个表。

位置价格展现统计表

		第1位	第2位	第3位	第4位	第5位	第6位	第7位	第8位	第9位	第10位	第11位	第12位	第13位	第14位	第15位
鼠标	综合排序 价格 访客量															
鼠标	销量排序 价格 访客量															
电竞鼠标	综合排序 价格 访客量															
电竞鼠标	销量排序 价格 访客量															
静音鼠标	综合排序 价格 访客量															
静音鼠标	销量排序 价格 访客量															

注：计算出相同价格访客量的平均数，以及最大数和最小数；从低价到高价排列，找出价格较高、访客较多的价位段；按不同关键词综合排列其所对应宝贝的访客量大小，求出平均数，找出平均数对应宝贝价格。

根据这个表，我们要考虑如何定一个价格，使得消费者在搜鼠标、电竞鼠标、静音鼠标时，都能看到你的产品。

你要知道搜鼠标时展现最大的价格段、搜电竞鼠标时展现最大的价格段、搜静音鼠标时展现最大的价格段。你还要知道相同价格产品的访客的平均数。最后测算出你的价格，以获得最大的展现。

作业：请思考你们的产品是否因为价格而获得了最大展现。

十二、最综合黄金定价法

我们知道定价受制于三个方面：

第一，定价受迫于成本。假如产品的成本是 500 元，那售价不会低于 500 元。

第二，定价受制于用户。你想卖高价，但没有用户买不行，所以它受制于有没有这种用户。

第三，定价受损于竞争。你竞争对手的定价会影响你的定价。

因此，定价就是商家计划用多少成本做出产品，卖给哪类用户，与谁竞争，由此测算出合理的价格。离谱的定价会导致产品卖不动，太低的定价会导致不赚钱，平庸的价格又太集中——你是这么定的，别人也是这么定的。

相比前面的三种定价法，最综合黄金定价法是大多数商家没有使用过的，属于大圣的独门秘籍。它也是 TOP 前 3 的商家必须学会的定价法，它的核心是：定在什么价格才既有规模又有利润。既有规模又有利润，是电商追求的最佳平衡状态。

我们做过很多类目的统计分析，测算过它们的利润，发现市场中有很多种 TOP，有低价的 TOP、中价的 TOP、高价的 TOP，有品牌的 TOP，有细分的某个品类 TOP，其中利润最高的价格让我们吃惊。我们从很多次的统计分析中找到了这种最综合黄金定价法。

淘宝中的排序是依据消费者所有的购买记录统计出来的，所以我们只需要把市场中所有卖得好的宝贝做一次综合性的定价评估，就能找出最好卖的价格。

举个例子。你准备卖吹风机，怎么定价呢？你先看看 29 元到 188 元的吹风机，按照销量排序，第 1 位卖 99 元，第 2 位卖 29.9 元，第 3 位卖 69.9 元，第 4 位卖 59 元，等等。

吹风机定价区间统计表

	第1位	第2位	第3位	第4位	第5位	第6位	第7位	第8位	平均
价格（元）	99	29.9	69.9	59	178	69	88	99	86.5
销量（万件）	6	5	2	1	1	1	1	1	2.25

第 1 位到第 8 位的平均价格是 86.5 元，第 1 位的月销可能是 6 万件，第 2 位的月销可能是 5 万件，第 3 位的月销可能是 2 万件，第 4 位到第 8 位的月销可能都是 1 万件。如果把价格定在 80 多元，那么平均月销可以做到 22500 件。

接着再看中价位和高价位的情况，发现中价位的前 8 位吹风机的平均价格是 228.8 元，平均月销是 4000 件；高价位的前 8 位吹风机的平均价格是 1497 元，平均月销是 700 件。把这三个价格段的平均价再平均，得出的价格是 604 元。它们的月销平均之后，是 9000 件。市场上有一款吹风机卖 589 元，估算的月销正是 9000 件。

以上的定价统计正是本节要讲的定价法的核心内容，即在每一个价格段找到前 8 位的定价，然后把所有的价格进行平均之后再平均。

再举个例子。你准备进入咖啡机这个市场，你搜"咖啡机家用"的时候，先看一看卖得比较贵的 3000 元以上的咖啡机，按销量排序，把前8位咖啡机全部找出来，看一看它们分别定的什么价格，具体有3579元、6190元、4890元、4099元，看起来毫无规律。

接着再看1200多元到4100多元的咖啡机，按销量排序，把前8位的咖啡机全部找出来，第1位的价格是1399元，第2位的价格是2399元，第3位的价格是1399元，第4位的价格是1290元，等等。除了统计价格分布，还要统计前8位咖啡机分别卖了多少件。

继续看低价的咖啡机的情况。最后做一个汇总，即低价咖啡机的均价是360元，中价咖啡机的均价是1346元，高价咖啡机的均价是4364元。

将以上三个均价再平均，得出的价格是2023元，也就是我们定2023元的价格，就能做到既有利润又有规模。

如果我们想在360元到1346元之间找一个最合理的价格，那二者平均后是853元。如果我们想在1346元到4364元之间找一个最合理的价格，那二者平均后是2855元。市场上有一款咖啡机卖899元，是类目第一，和我们测算出的853元接近。

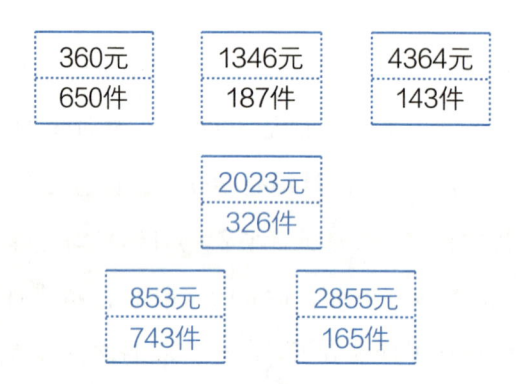

360元	1346元	4364元
650件	187件	143件

2023元
326件

853元	2855元
743件	165件

如果你所在的行业没有出现我们预测的定价，那说明如果你卖这个测算的价格，就有机会成为类目第一。下面的表格请收藏，并按照本节讲的方法，测算一下你所在行业的定价情况。

定价区间统计表

	第1位	第2位	第3位	第4位	第5位	第6位	第7位	第8位	平均	
价格										低端
销量										
价格										中端
销量										
价格										中高端
销量										
价格										高端
销量										

作业：请按照此方法，分析一下你们行业的定价情况。

十三、电商价格战解析

对于电商来讲，价格战司空见惯，因为价格战对于电商企业来讲是一个天然的存在。电商平台把全国那么多产品放在一起比较，电商企业天生就在一个高度同质化的环境中，拼的就是价格。想打好价格战，先要对价格战有一个正确认知。

对于电商企业来讲，一直在打两场战：一场叫价格战，另一场叫价值战。价格战拼的是狠心和耐力，所以叫忍人所不能忍，你能忍就说明你比别人有优势，你能打很久，而别人打不了这么久。价值战叫能人所不可能，就是你能，而别人不能，你的产品有独特性、稀缺性。

如果电商企业能忍人所不能忍，那么它就可以赚到大多数企业不愿意去干的事的利润；如果电商企业可以做别人做不到的，能人所不可能，那么它就可以赚到一些高利润。

电商平台的性质决定了商品是供大于求的，你在平台上搜连衣裙，会出现1800万件连衣裙；你搜电热毯，会出现50多万件电热毯。所以在这种情况下，你的价格稍微贵一点，消费者就不会买了，因此电商必须用优惠的价格来取悦消费者。

> 1. 商品力模型

电商界有一个商品力模型，就是平台在筛选爆款产品或者大坑产产品的时候，会根据四个指标来判断要不要给你的产品更多的流量。

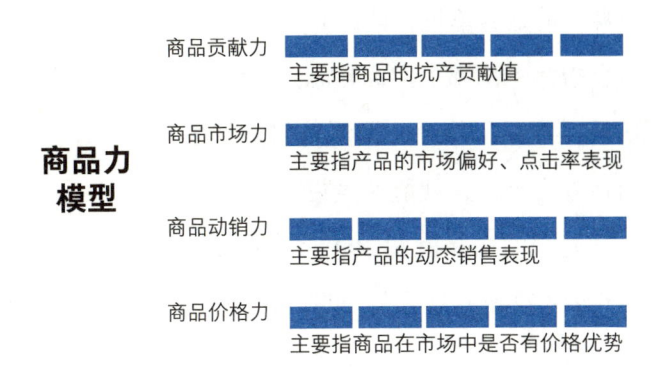

商品力模型

- 商品贡献力：主要指商品的坑产贡献值
- 商品市场力：主要指产品的市场偏好、点击率表现
- 商品动销力：主要指产品的动态销售表现
- 商品价格力：主要指商品在市场中是否有价格优势

（1）商品贡献力

商品贡献力是指你的产品能产生多大的坑产，满足了多少人的刚需。如果你的产品是一个泛需求产品，大多人需要买，那么你的产品坑产应该不差。商品的贡献率是指你的产品给平台带来的销售额，平台是按照销售额来扣点的，你的业绩做得越大，平台的收入越多。

（2）商品市场力

商品市场力是指产品受市场欢迎的程度，比如有多少人愿意买它，它的点击率表现如何，它的热度如何。如果消费者想买，那么这个产品的付费成本就不会太高。同时，消费者愿意买，说明这个产品本身是好的，是符合流行趋势的，是有可能增长的。

（3）商品动销力

商品动销力是指产品是否每天在卖，卖多少，是否有增长，也就是你的产品的变现状态如何、在平台的竞争力如何。

（4）商品价格力

商品价格力是指你的产品比其他产品更具有价格优势，你产品的价格就是门槛，就是客单价，就是 UV。

以上四个指标中，哪个指标是总开关呢？很显然，同时影响其他三个指标的就是商品价格力，因为价格降低了，就可以提高动销量，就能吸引消费者去点击，就能产生更大的坑产。比如一个产品的价格是 599 元，而同行的产品就卖 399 元，那么它的点击率一定上不去，后台系统因此就不会给它更多的流量，这个产品的展现就不够。

因为商品力模型的存在，很多商家会打价格战，因为价格低了就卖得动，卖得动就有现金流。

2. 价格战与价值战的市场发展效率

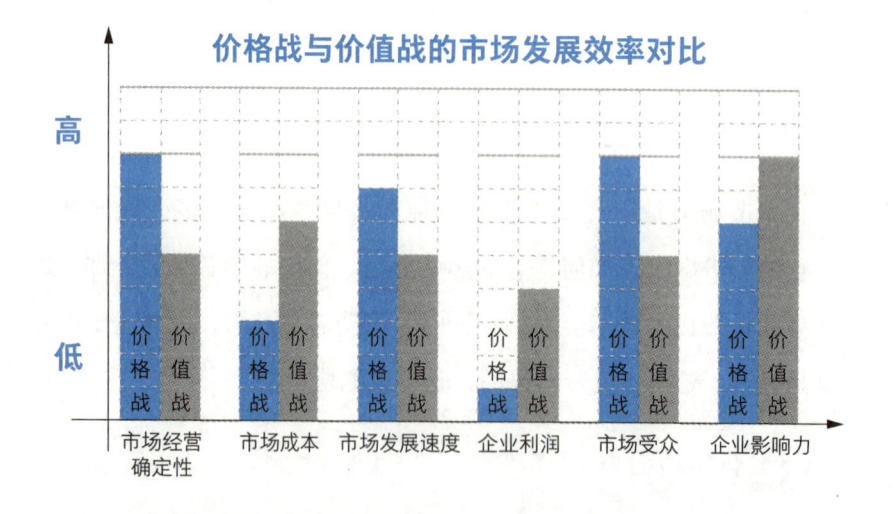

价格战与价值战的市场发展效率对比

不管打价格战，还是打价值战，最终要的都是市场发展效率，上图显示了在不同的市场发展效率方面（横轴），价格战与价值战获得成功的概率有高有低（纵轴）。

（1）市场经营确定性

打价值战有效果，还是打价格战有效果呢？我们做一个假设。如果别人的产品已经卖好了，那你的价格比他低10元，是不是赢得市场的确定性更高呢？这是打价格战，确定性高一些。如果你看完对手的产品，然后去生产一个差异化的产品，那你的差异化产品真的能卖过它吗？这充满了不确定性。因此在这一场比较中，价格战远胜于价值战。

（2）市场成本

打价值战的话，需要投入产品的研发成本，而打价格战的要求低一些，你只要把外面的颜色稍微改一下，或者把里面的材质稍微换一下，就可以了。所以在这一场比较中，价格战又胜了价值战。

（3）市场发展速度

别人的产品卖爆了，而你直接拿过来抄他的供应链，这样的市场发展速度是非常快的。而价值战不一样，你要重新考虑产品的研发、卖点的提炼，等你的产品上市，市场热度可能已经下去了。所以在这一场比较中，价格战又胜一筹。

（4）企业利润

从企业利润来讲，打价值战，能够让我们活得久一些，而打价格战，利润比较薄，让我们活不久。

（5）市场受众

很显然，价格越低，受众越多，价格越高，受众越少，在这个方面，价格战又胜了一局。

（6）企业影响力

打价格战的企业影响力是短期的，而打价值战的企业影响力是长期的，甚至能上升到品牌维度。

在以上6场比较中，价格战赢了四局，价值战只赢了两局。这样的现实导致普通卖家或者中小卖家不得不打价格战。其中，大多数卖家处于赚钱再亏钱、亏钱再赚钱的状态。

作为电商，你要么主动打价格战，要么被动应对价格战。没有利润会死，而没有规模难生，所以价格战是关乎企业生死的，主动打价格战，你可能换得更大的规模。如果被动应对价格战，那一定会牺牲你的一部分利润。

打价格战，可以让消费者快速受益，让消费者觉得这个产品挺好，会提高他的购买欲望，会扩大市场。很多短期利益者，也就是投机者，觉得你的行业价格低、利润低，可能就不会进来分一杯羹。价格战导致整个行业的进化速度很快，生产效率不断提升，最后导致产品的价格逐步接近成本，企业只能通过提高管理水平来降本增效。

随着生产力的发展，人民生活水平的提高，你会发现消费者买的东西不一定便宜，因此这个价格战有利有弊。所以，创业者一开始就要有清晰的企业经营的长期目标，可以打价格战，但一定要有把握、有预测、有准备地打，打完之后要考虑如何升级自己的产品，如何塑造自己的品牌，让自己尽量远离价格战。下面给大家提供一些打价格战的原则，包括进攻原则和防守原则。

价格战进攻原则

要么能改变对手的市场地位
要么能改善自己的市场地位
要么有十足的把握赚到利润
要么有十足的把握击败对手

攻

高层级对低层级的价格战有效
低成本对高成本的价格战有效
同等量级价格缠绕价格战有效
挑战巨头价格破坏价格战有效
高度相似价值更高的价格战有效
使用价值战来打价格战有效
大家都不打价格战率先打有效
不打无把握无预测无准备之仗

价格战防守原则

是否守得住，否则不要妄亏
思考守多久，第二梯队准备
计算亏多少，是否低于对手
研究对手店，攻击其核心品

守

未被抄袭之前就防守有效
双阶段产品战略思维有效
被抄袭后快反应防守有效
扼杀对手于萌芽状态有效
首战即决战灭其信心有效
主店铺与防火墙配合有效
产品梯队布局体系稳有效
不打无把握无预测无准备之仗

作业：谈一谈你应该如何应对价格战。

十四、不降价价格战打法

面对价格战，不降价，坚守自己的高利润阵地，是否也有机会打赢价格战，或者减少价格战的干扰？这也是我们需要经常思考的问题。本节给大家提供 7 种不降价的价格战打法。

1. 店铺防火墙打法

为了应对经营风险，一些电商企业会采取多店铺布局战略，而多店铺布局的核心是不能自我冲突，因此很多企业会采取店铺分类的模式。

（1）品牌类店铺

品牌类店铺是实现长远发展目标、沉淀忠实客户、占据市场高利润区、担任品牌使命的店铺。

（2）爆品类店铺

爆品类店铺是实现市场排名靠前目标、采取薄利多销的爆品策略、占据市场高体量、担任规模领先使命的店铺。

（3）防火类店铺

防火类店铺是为了使其他店铺免受价格战的巨大干扰，而常态进行价格厮杀，不以营利为目的的保本或微亏经营，承担防火墙使命的店铺。

（4）拓展类店铺

拓展类店铺是为了企业更好的发展和团队的培育，拓展新市场，探索新产品新行业经营模式，承担创新拓展使命的店铺。

在应对价格战的过程中，防火类店铺是绝对的杀招。这类店铺低价跑量养工厂，平摊成本，一旦与对手发生价格战，则流血与其厮杀，隔离对手对其他店铺的干扰。

举个例子。你的产品售价为79元，在市场中表现优异，卖得比较火爆。你的同行抄袭你，并以59元的定价向你发起价格战。这个时候，你的产品不再像以前那么火爆，产品的点击率和转化率双双下滑，市场增长开始受到巨大的干扰。

此时大多数商家只能降价，但对手为了对你造成干扰，会继续降价，在这个厮杀的过程中两家皆不赢利。如果你有多店铺的布局，有自己的店铺防火墙，那么你就可以有效地应对这一干扰。

当对手以59元的定价向你发起价格战时，你直接让防火类店铺以49元的价格，定点打击对手，不断地锁住对手的流量，用低价不断地"洗劫"对方的客户。他从你家抢走的流量会大量地转移到你的防火类店铺，他只能把大量的精力转移到对付你的防火类店铺上，这时你卖79元的店铺所受到的干扰就会大大降低。在你的防火类店铺把对手吸引过来之后，你用39元的价格攻击他，将他引入更低的价格竞争带。在这个更低的价格段里，不要命的对手更多，即可让对手深陷其中难以自拔。

2. 店铺共振打法

店铺共振是指多个店铺在同一时间段内实施共同的市场行为，以造成某种共振的市场效应。

店铺共振的底层逻辑是企业营造的羊群效应。消费者是从众的，所以消费者会认为大量存在的现象就是合理的，因此我们可以通过多个店铺的同一市场行为来营造一种合理的现象。

比如说在食用油这个行业，当大部分企业在讲非转基因的时候，消费者就认为，非转基因的油才是比较好的食用油，而非转基因食用油比较贵，慢慢地消费者就认为非转基因食用油都是贵的，低价的食用油就很难存活下去。

之前有一个学员，是做汽车安全座椅的，下面有30多家代理商，做成了一个不错的品牌，但不可避免地遭受了价格战的干扰，市场搜索排名优势逐步下滑。我建议他采用店铺共振打法来应对价格战。他的30多家代理商的店铺的首图都显示"第三代汽车安全座椅，保护孩子脊椎的安全座椅；坚持不做劣质低价产品"。这种共振效应，让客户认为不保护脊椎的座椅都不是新一代的安全座椅，从而造成了对低价产品的封杀，重新回归高利润区。

3. "恐吓营销"打法

人们虽然喜欢占便宜，但不喜欢有风险的便宜，所以"恐吓营销"打法是应对价格战的快效药。所谓"恐吓营销"，就是商家故意夸大生活中的危险，借以推销自己或打击对手。其中看似正确、让人震惊的理由和数据，常常是夸张的。

4. 产品提价打法

面对价格战，产品提价也可以避开干扰。敢这么做的人很少，做到了的都很卓越。

这个打法的底层逻辑是价格代表价值。消费者看到价格的悬差会立马知道产品之间的区别。

价格战只会发生在相近价格的同质化产品之间，如果价格不相近，则干扰会较小。价格战很残酷，因为市场有很多"宁可自己饿死，也要把对手弄死"的流氓型对手。所以面对价格战时，要避开那个价格段，选择另一个价格段去竞争。

提价就是使自己的商品在价格上与对手拉开明显的差距，跳出原来的价格段，以更高的毛利来弥补转化率的下滑，实现销量下降而利润不降。那么如何提价呢？

（1）提价要合理，不能高得离谱

虽然要做中高客单价，但是产品有自己的价值，如果价格脱离价值，那消费者肯定不会接受。要比价格战激烈的价格段高一个档次，这样既能让我们脱离价格战，也能拥有很好的市场容量。其中，关键的衡量指标就是利润。

比如以前卖 1000 单，现在只能卖 300 单，但利润和原来的差不多，甚至超过原来的利润，那这个提价就是在可以接受的范围内。

（2）把控提价的幅度

提价的幅度该有多大，取决于你要不要改变产品的人群画像。如果你不想改变自己的人群画像，就不要过分地提高价格，如果你确实

想改变人群画像，完全换一个档次，那你的提价幅度要匹配那一类人群的价格接受度。

一般提价有两种方式。第一种叫测试性提价，就是每一次只提10%，直到完全卖不动为止，这样能测试出你的客户群所能接受的最高价位。第二种叫洗牌式提价。如果提高10%就卖不动了，说明你现在的客户群对价格很敏感，大多是低价值客户。如果你想清洗现有的客户群，让自己的店铺获取更优质的客户，那可以继续提价。为什么卖不动还要再提价呢？因为你可能还没有脱离原来的价格段，只有拉高价格跳到另一个价格段里，另外一类人群才可能会接受你的价格。这种提价一般幅度很大，直接跳跃了一个或者几个价格段，可能会使流量大量流失，大概3个月之后才能基本恢复流量。歌瑞尔旗舰店就是典型的案例，它果断放弃低价人群，坚持走品牌路线，整体价格拉升几倍，导致几个月流量很少，最后终于坚持到新客户群对它的认同。

（3）注重提价的节点

提价最好的时候是换季之时，因为这个时候全网都在做提价的动作。比如服装，夏天可能卖七八十元，到冬天可能卖三四百元，整个行业的价格体系都在发生变化，所以后台会重新计算这个阶段的价格体系，而这个时候提价对店铺的损伤是最低的。

单纯的提价是无法应对价格战的，要合理地、有目标地提价，而且要擅长运用提价带来的好处。我曾经辅导过一个提价应对价格战的企业。我向企业老板展示了提价后和降价后的利润值，他果断地选择了提价。提价之后，不可避免地出现转化率下滑、流量下滑。但是他没有慌，因为我提前告诉他这种结果很正常，提价的好处在于提高了客户素质，提高了运营人员花钱的胆量，提高了产品的毛利，扩大了绩效的空间。他果断地把每个部门的绩效额度全部加倍，目标任务保持不变，结果整个公司战斗激情大大提高，员工纷纷献言献策，写了几个黑板的高价支撑点，最终成功地实现了提价之后转化率和流量的上升，企业利润和员工工资双双提高。

如果你要把自己的企业做成一个长久的品牌，那就可以果断地从低价泥潭里跳出来，把价格提起来，把优质客户换回来。

5. 重塑标准法

很多行业之所以存在价格战是因为消费者选择产品的时候无法判别好坏，所以只能根据羊群效应，觉得卖得多的产品就应该是好的。

在商界有一个说法：一流企业卖标准，二流企业卖科技，三流企业卖品牌，四流企业卖产品，末流企业卖苦力。制定标准是让客户从心智上明确产品好坏的标准，进而排除不符合行业标准的产品。制定标准是应对价格战极具杀伤力的绝招，它不仅是对某一个对手的封杀，而且是对整个行业不符合标准的对手的封杀。

6. 特殊价值打法

价格战存在的根源是同质化，因此把产品卖点进行差异化，也可以应对价格战。要把产品的某个价值极致化，通过极小的改变，让产品变得极有特点，从而彻底实现产品的差异化。

7. 改头换面打法

所谓改头换面就是换包装。消费者只会拿同样的产品来对比，那么我们换汤不换药，改改产品的包装，给客户的感觉就是升级版或者是新一代产品。改头换面打法可以让客户形成一种假象认知，从而避开与低价产品的竞争。

作业：想一想你用过哪些方法来应对价格战。

04 第四章 做强产品

STRENGTHENING PRODUCT

「18种产品升级法，做出强势精品」

电商企业经营精髓
（大圣版权所有）

战略单品 | 第一唯一专一 | 极致极致 | 突出围色 | 稀缺稀缺稀缺 | 反向注意烙印 | 超级价值

看清市场 选对赛道 定准利润 做强产品 | 心智 | 新感 | 做大流量 做新视觉 做稳布局 放大渠道

> 电商界有一句俗语：一个爆款，可以走向小康生活；两个爆款，可以成为中产阶级；三个爆款，可以成为企业家。可见，最重要的商业战略就是强产品战略。
>
> 你一年至少要做出一个强势的产品，如果连一个强势的产品都做不出来，那么你的企业就很难经营下去。产品是市场破局的利器，一定要注重强产品，再难做的市场，只要有一个强产品，就能撕开一个口子。
>
> 本章通篇在讲产品升级的方法，一共18种，涉及标品、半标品、非标品的18个升级锚点，比如产品材质升级、产品功能升级、产品造型升级、产品风格升级等。

一、强产品的四个特点

对于用户而言，产品要满足他在某个场景下的特定需求。对于企业而言，产品是获得利益的载体，所以我们要以付费用户为中心做产品研发，而不是以用户为中心。只有做一些用户愿意高溢价付费的产品，我们才有机会赚到钱。对于竞争而言，产品是集合企业综合竞争优势的利器，能反映出一个企业的经营战略：是低成本进攻战略，还是规模竞争战略？是集中竞争战略，还是单个产品差异化竞争战略？对于品牌而言，产品是占领用户心智的传播主角，所有能够被用户记住的品牌，一定做了很多影响用户心智的动作。

强产品

用户肯付费
企业能赚钱
竞争打得赢
品牌记得住

因此，一个强产品一定具备以下四个特点：

第一，用户肯付费。这个是最重要的，只有用户肯付费的产品才值得我们投入。

第二，企业能赚钱。只有企业能赚钱，我们才能够汇聚人才去干这件事。

第三，竞争打得赢。我们的产品做出来，能不能超越竞争对手？

第四，品牌记得住。这是对产品的高要求。如果我们能够做出一个让用户记得住名字的产品，那么这个产品的维度就会变得更高。

举个例子。饮用水市场巨头林立，包括怡宝、百岁山、康师傅、娃哈哈等。它们都给自己的产品找了差异化，比如怡宝卖的是纯净水，百岁山卖的是矿泉水……每一个水品牌都会找一个差异化的赛道。

你会发现这个市场已经饱和，这么多品牌已经深耕多年，作为一个中小卖家，怎样才能破局呢？有这样一个品牌，可能很多人不是特别熟悉，但是它在网上却卖得风生水起，它的瓶子设计得很有个性，写着 PH8.8+，不便宜。它主打的是平衡水的概念，它告诉你，这个水是天然苏打平衡水，碱性值是 PH8.8。

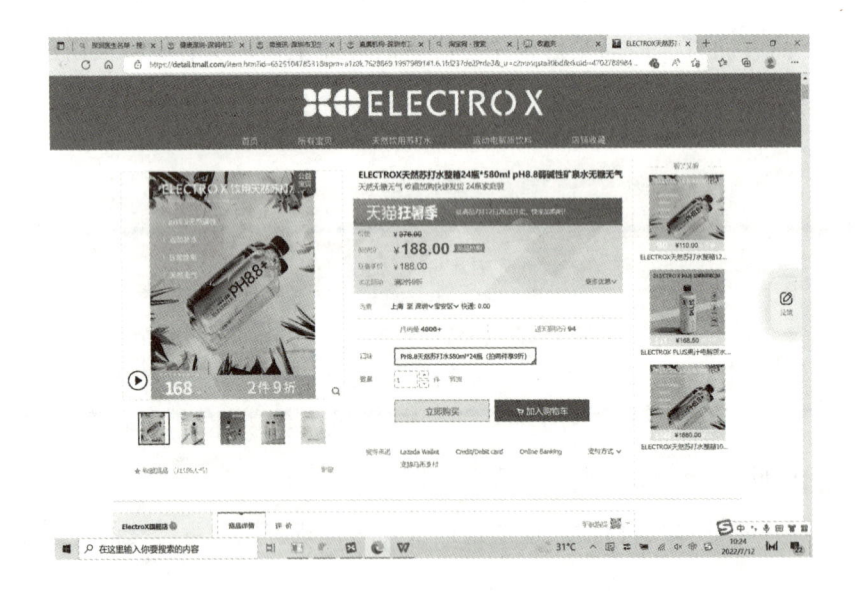

从这个案例可以看到，即便这个市场如此难做了，企业仍然能找到机会，只要产品非常有差异化，是一个强产品，就能撕开同质化的口子。

市场上有一款可爱型插线板，很受年轻人的欢迎，在网上卖得特别好，也是因为足够差异化（如上图所示）。

类似的案例还有周黑鸭。周黑鸭能崛起的原因就是它第一次提出了新鲜鸭脖的概念，而且每一个鸭脖的包装都做成了独立包装，充了氮气，具备锁鲜的功能。它的门店装修也做了差异化，因此它能快速地崛起。

作业：请思考你们公司的产品是不是强产品。

二、产品升级的总思路

到目前为止，中国的产品数量已经过剩，产品质量已经 OK，缺的是精神层面的产品和创新性的产品。

电商的发展经历了三个阶段。2011 年之前是货品电商时代，线下有什么货品，我们拿到线上来卖就能卖掉，最开始很多人把电商理解为清库存的渠道。货品电商主要针对的是"70 后""80 后"，他们从原来逛线下门店，转移到线上购物。

2013 年到 2019 年是爆品电商时代，电商行业蓬勃发展，进入电商平台鼎盛期，没有一个企业再小看电商，基本上所有的大品牌都已经出网。爆品电商主要针对的是"80 后"和"90 后"，尤其"90 后"，一开始就在网上购物了，很少去逛街，所以就诞生了爆品电商。

2019 年之后是精品电商时代，电商平台的流量开始下滑，而 2020 年是关键的一年，"90 后""00 后"成为消费的主力，他们更关注产品的精神层面。"00 后"没吃过"70 后""80 后"的苦，他们的苦更多的是精神上的迷茫和空虚。所以"00 后"购物不只是为了实用，而且是为了享用，是为了慰藉自己的心灵。"00 后"想要好玩、有趣的商品，愿意给别人分享他的购物心得，希望通过商品展现自己的个性，产生一种自我个性化的成就感。

什么叫精品电商呢？产品精致、页面精美、包装精细、运营精细，就是精品电商。在流量变少的情况下，平台保大不保小，只能把流量给大店，那么中小卖家靠什么才能拿到流量呢？靠你做的产品是精致的、是新的，所以未来有供应链的企业有福了。如果你有自己的供应链，能研发生产新品，那么将会享受到平台最大的红利。不管是抖音、小红书，还是天猫，都在鼓励新品，产品升级将是未来最大的一个趋势，而在抖音上新品的爆发力更强。

比如小罐茶，非常符合精品的定义，是精品电商的代表作，所以它一上市就备受瞩目，在线下快速做到10亿元，招收了很多的加盟商。未来像这种品牌会越来越多，产品经过翻新才能获得流量。你要具备产品升级思维，首先是升级产品，如果不升级产品，就去升级页面、运营，以及各种各样的资源。那么，如何去升级产品呢？我归纳了18种产品升级法，如下表所示。

18 种产品升级法

产品类别	用户焦点	升级真空	升级锚点
标品	功能、功效	使用—实用—适用—享用	①材质构成 ②成分构成 ③配方元素 ④使用功能 ⑤用后功效 ⑥工艺工序

续表

产品类别	用户焦点	升级真空	升级锚点
半标品	搭配、实用	使用—实用—适用—享用	⑦生产标准
			⑧结构造型
			⑨场景特别
			⑩时间特别
			⑪地域特别
			⑫文化艺术
			⑬发明创造
非标品	款式、颜值		⑭颜值设计
			⑮色彩设计
			⑯风格设计
			⑰开箱体验
			⑱附加服务

这张表是产品升级内容的总纲，接下来我会逐一分析 18 个升级锚点。升级的总思路就是：拆解产品，对它的每一个生产步骤、每一个部件、每一个构成成分都进行升级。在分析每一个升级锚点时，我又会按照使用、实用、适用、享用的逻辑拆解出更细的步骤。

作业：请思考你是如何升级产品的。

三、材质构成：微创新 + 微升级

升级材质是从根本上对产品进行创新，也是能让消费者认可的首要方式，消费者也愿意付费。很多商家为应对同质化产品的竞争，会想方设法地升级产品的材质，比如，有的商家给普通的鞋垫里加了艾草，可以除臭，所以鞋垫卖得很好。

市场上有一款男裤卖得好，原因是它的面料很独特，用的是弹纤维黑科技，叫 8.0 cN 高强力纤维，湿态下强度与干态下强度基本相同，耐冲击强度比锦纶高 4 倍，比粘胶纤维高 20 倍，所以特别适合在夏天穿。

在材质上创造概念，让客户感受到不同，这个很重要。你要把你的产品所有的维度都拆出来，然后任何一个维度的材质升级，都有可能给你的产品带来价值上的不同感。

比如下图中的人体工学办公椅就做了材质上的升级。很多椅子用的是普通的海绵垫，而这个品牌打出一个概念，叫泰国乳胶椅，它的椅垫加了泰国乳胶，有一个 STR 的缓冲新技术，坐感和普通海绵垫的椅子不一样。泰国乳胶椅的客单价变得很高，但卖得很好。这就是材质的微创新和微升级。

再比如翼眠深睡格子枕，打出的概念是深睡，采用 TPE 黑科技材料，做成高弹三角格，让消费者进入深睡的状态。TPE 材质可以做到 0.16 秒回弹，动态的三角网络能实时分压，让消费者处在一个零压力的睡眠状态，而且它的稳定性好，可以不跑枕。

具体来说，我们怎么在材质上做升级呢？下面介绍七个步骤：

（1）列出产品所有的构成材质；

（2）列出能直接影响客户体感的构成材质；

（3）分析这些材质有哪些替代性；

（4）分析这些材质有哪些突出性；

（5）分析这些材质有哪些组合性；

（6）分析这些材质有哪些概念性；

（7）新材质的产品思路该怎么呈现。

作业：请拆解产品，寻找材质升级的思路。

四、成分构成：微创新 + 微升级

> 在材质相同的情况下，添加稀缺成分或特殊成分，能提高产品的特异化价值。
>
> ——大圣老师

产品都是有优点的，但消费者不会为优点埋单，只会为特点埋单，也就是你一定要把产品的优点变成特点，只有变成特点才能形成特色，才能引起消费者的注意，消费者才会把特别的爱给特别的你，才会付费。所以我们要找产品的特点。

举个例子。有一次我在搜洗发水时，搜到一种月销10万件的洗发水，卖得还挺贵。它为什么卖得好呢？因为它是一款咖啡因洗发水。

什么叫咖啡因洗发水？就是洗发水里加了咖啡因这种特殊的成分。为什么头发不茂盛，为什么会脱发？就是因为你的毛囊不好，而咖啡因可以激活毛囊，让毛囊变得有精神，活跃指数变高，所以你的头发长得特别旺盛。显然，这个商家在成分上做了一个创新。

有个学员是卖红豆薏米粉的，材质不能变，就是红豆和薏米，顶多在里面加一些其他材质，但是你加了3种，别人加4种，总之在材质上怎么组合都组合不出一个核心壁垒，所以我们就想着在成分上能不能突破。

为什么人会有湿气？因为人体寒的时候就虚，虚的时候就湿，湿气在体内凝结，凝就堵，堵就痛，痛则病，病则癌。我们认为简单的排湿是不可能排干净湿气的，所以提出能不能通过调养身体来排湿，就加了虫草花。虫草花有滋补的好处，把虫草花磨成粉，放在红豆薏米粉里，就成了一款含虫草的红豆薏米粉，既调湿又排湿。我们在直通车上打出的概念是含虫草的红豆薏米粉、能调湿的红豆薏米粉，它不仅仅排湿，还能调养身体，让你的身体变强，就不怕寒，才能真正地没有湿。这款产品获得了消费者的认可，卖得非常好。

很多品牌都是用这种方法，材质相同时就加成分。比如在牙膏里添加叶酸，更有利于宝宝的牙齿发育，不会因为吃糖就掉牙；在手工皂里加有脱敏效果的羊奶滋养成分，可以温和地清洁双手。再比如两面针牙膏加了稀缺的成分——青蒿素、紫荆花，清火护龈，抑制牙菌斑，销量也很好。

还有，你加的成分一定要是稀缺的，不是随处可见的，只有稀缺的成分才能让消费者注意到。

具体来说，我们怎么在成分上做升级呢？下面介绍五个步骤：

（1）分析产品能满足消费者哪些需求，担负着哪些需求任务；

（2）分析哪些行业的产品有同类任务；

（3）逐一列出能更好实现此任务的成分；

（4）提炼其核心成分概念，进行组合；

（5）进行跨界组合，创造新成分的产品概念。

作业：请思考产品含有的成分，以及改变什么可以改变它的价值。

五、配方元素：微创新 + 微升级

所谓配方就是搭配方案，单一结构难以达到好的效果，需要搭配多种配方元素去形成一个新的解决方案，食品、化妆品用得比较多，比如祛痘产品、护肤品、饮料、奶粉等，都有自己的综合配方。

比如可口可乐，为什么很多人说它打不跑打不败，就算工厂被烧了，还能马上崛起，就是因为它有个神奇的配方。每一个美国士兵出去打仗时都特别想带一瓶可口可乐，就是因为二战的时候很多士兵受伤了，受伤的时候喝了可口可乐，感觉很刺激很爽，让人的精神愉悦。

可口可乐对它的配方保护得很严格。在创业初期，它的配方就口口相传，后来为了发生意外，就把它写在纸上，放在箱子里，并存在保险柜里，而且分三个人保存，只有这三个人同时打开这个箱子，才能够真正破解这个配方。可口可乐公司给它的配方买了很多的保险，申请了相关的防护措施。

比如周黑鸭，它的鸭脖口感是改良的，不是那种很辣很麻的口味，有点微微甜的感觉，很多人能吃。周黑鸭把它的配方分给6个人，每个人掌握一个环节，只有这六个人按要求走完流程，才能做出那个味道。

比如飞鹤奶粉，从那么多奶粉品牌中崛起，成为国产奶粉的佼佼者，是因为它告诉消费者它的配方更适合中国宝宝的体质，是专为中国宝宝研制的。飞鹤奶粉针对宝宝的骨骼成长、肠胃吸收、眼脑发育，适用不同的配方。

不论可口可乐、周黑鸭，还是飞鹤奶粉，都是在配方上去塑造它们的卖点。

成分升级和配方升级有什么不同？成分升级是指增加了某个成分可以多一个功能，而配方升级是指在现在的产品基础上，又增加了一层保障，由多个组合来完成同一个任务。

具体来说，我们怎么在配方上做升级呢？下面介绍六个步骤：

（1）列出产品要实现的核心任务；
（2）分析达成此任务有多少种解决方案；
（3）针对解决方案中的核心要素进行拆解；
（4）重新组合其元素比例；
（5）重新命名此产品配方；
（6）强化产品配方的整套解决方案性和唯一性。

作业：请讨论一下靠配方差异化来实现突围的产品案例。

六、使用功能：微创新 + 微升级

产品的使用功能升级有两个方向：一是把单一功能升级为多功能，二是让现有的功能变得更极致。通常情况下，多功能往往胜于单功能的极致，因为如果不是有巨大的变化，消费者是感受不到极致功能的。

消费者在购买产品的时候，一定是有一项任务需要去完成的，而这就依赖于产品的使用功能。越是标品，消费者越注重产品的使用功能。

比如苹果手机就是具备了多功能的产品。很多人说乔布斯是一个非常厉害的产品经理，手机设计得很美观，交互页面很人性化，等等，但其实站在这个维度来评价乔布斯是比较低级的，因为乔布斯干的不是产品经理的活，他的厉害之处是用一个手机集合了人的社交、工作、家庭生活功能。比较通俗地讲，苹果手机最大的价值是取代了电脑、照相机、MP3、游戏机、电视机等很多的产品。乔布斯的重大贡献在于"智能"两字，而不在于它的外在如何美观等。

一个产品一旦拥有了多功能，就是一个强大的产品，它可以实现多类人群的集合，在多个维度上发挥它的优势。因此在我们做产品升级的时候，首选的是把单一功能升级为多功能。

比如鞋柜，如果只能用来放鞋，那它就没有多大的竞争优势，但如果在鞋柜里加个蓝色的灯管，或者加一个除味的包，那么它的价格就可以提高，而且有了差异化特质，更容易吸引消费者的注意力。

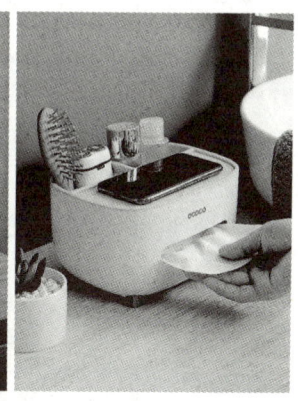

市场上有很多的多功能产品，比如上图所示的纸巾盒。这个纸巾盒既可以当作一个手机支架，又可以当作纸巾的收纳盒，还可以当作小小的化妆品收纳盒，它适用于多种使用场景，比如餐桌、床头柜、梳妆台。它的功能变得多元化，因此它的受众人群就会变得更广。

再比如上图所示的多功能餐桌，它可以变成一个茶几，还可以变成一个麻将桌，也就是它把茶几、麻将桌和餐桌的功能整合到一个产品上。

具体来说，我们怎么在使用功能上做升级呢？下面介绍五个步骤：

（1）列出客户使用一个产品的场景；

（2）列出这个场景中所能产生的各种需求；

（3）针对这些需求，分析能不能做功能升级；

（4）思考这些需求能不能做集合呈现；

（5）分析这个产品可以替代哪些产品。

作业：请尝试升级产品的功能，尤其是实现产品的多功能。

七、用后功效：微创新 + 微升级

> 客户想买的不是电钻，而是想打出一个洞。因此直接在效果上升级产品，更容易让消费者埋单。
>
> ——大圣老师

消费者在消费一个产品的时候，他想直接看到效果，所以对于产品效果的描述很重要，在效果上给消费者可视化的感觉，消费者就更愿意去消费。

有一个减肥会所张贴了一张海报，上面写着 0 反弹、签约减肥、无效退款，这些对减肥效果的描述很容易吸引消费者去尝试。

有一个产品叫止痒克星，它的药瓶上写着八个字：一抹见笑止痒克星，这个"一抹见笑"非常生动地描述了用药后的效果。其实这种药就是抑菌乳膏，但这个产品名和效果描述，会使得消费者在一大堆抑菌乳膏中选择它。所以对于效果的描述、在效果上建立差异化很重要。

在口香糖市场，有一个品牌崛起，就是炫迈口香糖，它的广告语是：一口炫迈，根本停不下来。"根本停不下来"是它给你描述的一种效果。

在内裤市场，有的叫"无感内裤"，有的叫可以呼吸的内裤，都是在描述效果。

在运动鞋市场，有个品牌叫足力健，它的核心承诺是不累脚。走路、跳舞、登山时不累脚，是它描述的效果，因此受到很多老年人的认可。

具体来说，我们怎么在用后功效上做升级呢？下面介绍四个步骤：

（1）洞察客户使用产品的感受；

（2）明白客户购买产品的终极目的；

（3）量化客户的使用感受；

（4）强化产品见效的确定性。

作业：请思考客户想达到什么效果，这个效果应该怎样反映在产品中。

八、工艺工序：微创新 + 微升级

> 在客户看不见的工艺工序上塑造概念，也能增强产品的特殊性，客户坚信特殊的工艺做出的产品也是特殊的。
>
> ——大圣老师

从消费者的角度，产品可以分为三个级别。第一个级别是产品自己会说话，就是消费者一看就知道这个产品的差异化在什么地方，这是最厉害的产品。第二个级别是你要替产品说话，你要找到产品的卖点。第三个级别是产品的背后有人说话，有明星代言，有各种各样的背书，消费者虽然不知道它到底好在哪里，但因为产品的背书也会觉得它不错。

大多数产品属于第二个级别的产品，因此我们要塑造出产品的差异化，让这个产品变得高级。如何变得高级呢？往往就需要做工艺工序的升级。

农夫山泉出的 NFC 果汁，是非浓缩还原果汁，也就是说果汁不是浓缩出来的，而是压榨出来的。它用了一种独特的压榨工艺，不加一滴水、不加糖、不加任何添加剂，对果汁瞬间杀菌后直接灌装，使得果汁保留了从树上摘下来 48 小时以内的口感。

类似的工艺上的差异化案例还有很多，比如鲁花花生油，主打 5S 物理压榨，不是化学浸出。什么叫 5S？第一步无水化脱磷，第二步生香、流香，第三步物理压榨，第四步去除黄霉素，第五步恒温储存保鲜。很多五星级酒店用的油都是鲁花花生油。

再比如古方红糖，它的广告语是：古方就是真红糖。它用了特殊工艺，叫连环锅，获得了国家专利。古方做出来的红糖和其他品牌的红糖不一样，就是因为工艺不一样，让产品变得更特殊。

具体来说，我们怎么在工艺工序上做升级呢？下面介绍五个步骤：

（1）拆解所有的生产步骤；

（2）把每一个步骤升级成高级动作；

（3）给其中的关键动作命名；

（4）强化产品工艺的复杂性和独特性；

（5）讲出用此工艺做出的产品和用其他普通工艺做出的产品的区别。

作业：请讨论你的产品的独特工艺，并给这个工艺取一个名字。

九、生产标准：微创新 + 微升级

> 客户认为高标准的企业一定能做出高标准的产品，生产标准也是让客户感知产品价值的核心塑造点。
>
> ——大圣老师

工艺和标准有什么区别？工艺是步骤，标准是等级，而标准的革新，会让消费者对产品刮目相看。当一个产品的标准很低的时候，消费者是不愿意去付很高的价格的。在消费者眼中，生产标准高意味着档次高，意味着这个产品是非常独特的产品。

每一个产品在生产过程中都执行了很多标准，但消费者并不知道产品执行了什么标准，所以我们可以把其中一些标准单独拎出来告诉消费者。

有一个美国啤酒品牌叫舒利兹。1911年，舒利兹啤酒因为没有特殊的卖点而没有业绩，濒临破产，老板非常痛苦。

有一次这个老板坐火车的时候碰到了著名的广告人霍普金斯，这个老板就把自己的烦恼告诉了霍普金斯。霍普金斯说：我给你写个广告，你给我说说你的啤酒有什么卖点？这个老板说：这就是问题所在，我这个啤酒和别的啤酒差不多，没有什么好卖点。霍普金斯说：是个产品就有卖点，你带我去你的工厂看一看。于是霍普金斯去了这个啤酒厂实地观察，把啤酒的所有生产流程都看了一遍。

霍普金斯看完之后说：为什么你不告诉消费者你的啤酒的生产过程？老板说：酿造啤酒的过程和别人都一样，没什么好说的。霍普金斯说：消费者不知道这个生产过程呀！我看完你的工厂都很惊讶。霍普金斯回去后就写了一个广告语：每一瓶舒利兹啤酒，在灌装之前，都要经过高温纯氧的吹制，才能保证口感的清冽。这个广告语其实就是告诉消费者啤酒的生产标准，让消费者觉得这个啤酒是高标准的产品。仅仅几个月的时间，舒利兹啤酒就在市场上大获全胜。

比如白大师茶叶，说只做三年以上的白茶，这就叫标准。再比如金龙鱼的1∶1∶1黄金比例也是标准。再比如小仙炖，也是在强调标准，它的核心是单瓶炖煮，经过360度旋转，模仿手工文火慢炖，可以保留燕窝最好的口感。

通过生产标准的创新和升级，使得产品具备足够的差异化，这样才能让消费者觉得你的产品是高标准产品、优质产品。

具体来说，我们怎么在生产标准上做升级呢？下面介绍四个步骤：

（1）列出产品全部生产过程中的所有标准；

（2）列出目前行业中的最高标准；

（3）重新定义行业的产品标准；

（4）给新标准命名。

作业：讨论你们行业中是否存在产品标准的升级机会。

十、结构造型：微创新 + 微升级

> 看得见的差异化是最能使产品脱颖而出的，所以产品结构造型上的微创新是可视化的创新。
> ——大圣老师

结构和造型上的升级是非常重要的升级，可以称之为原子弹级别的升级，是标品、半标品、非标品都会采用的一种方式。要成为市场的突破者，都是从造型上的升级开始的。

消费者看一个产品的时候，是从视觉上先感知，所以看得见的差异化最能使产品脱颖而出。结构和造型的升级不只是概念上的升级，而且是实实在在变得不一样。

比如大众出了一款车叫甲壳虫，在造型上和普通的车有明显的区别，有一点复古的感觉，又有一点萌萌的感觉。这个造型很受女性消费者的欢迎。再比如特斯拉有一款带翅膀的车，特别拉风，这叫看得见的差异化。

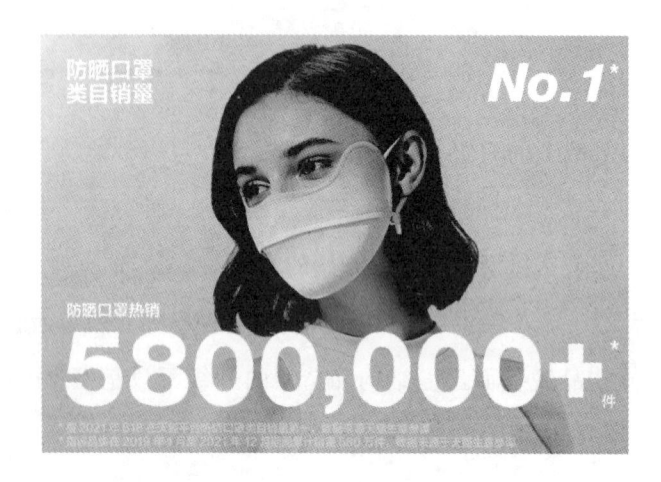

蕉下做了一款口罩，造型和一般的口罩不一样，又有防晒的功能。可以说，这款口罩就是在造型上做了升级，既能让戴口罩的人看起来很美观，又有防晒功能，因此它的销量非常喜人。

有一个饮水机品牌叫集米，卖得非常不错，它在造型上和普通的饮水机有很大的区别，它有一个大大的"眼睛"，让用户可以看到水的温度。它的整个造型很有设计感，很简约，有一定的线条感，很轻巧，有很清晰的视觉烙印。

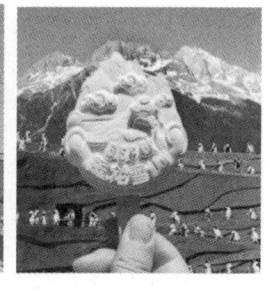

就算小小的冰激凌，也有商家做了造型上的创新，比如上图所示的冰激凌，造型与景物一样，非常别致，给消费者一种美的视觉感，所以卖得非常好。

具体来说，我们怎么在结构造型上做升级呢？下面介绍五个步骤：

（1）跳出自己的行业，研究产品大小类似的其他行业；

（2）将跨行业的爆款产品假定成本行业的产品；

（3）用做什么不像什么的思路展开可能性讨论；

（4）朝着更美、更有趣、更好玩的方向思考；

（5）论证新造型会不会强化消费者的购买意愿。

作业：请进行多个跨行业产品结构造型融合的头脑风暴。

STRENG-
THENING
PRODUCT

十一、场景特别：微创新+微升级

任何一个产品，换了适用的场景后，就有翻新的可能。对于同一类产品，不同场景下的需求会发生很大变化，所以场景创新是给产品找新定位的一种非常重要的方法。

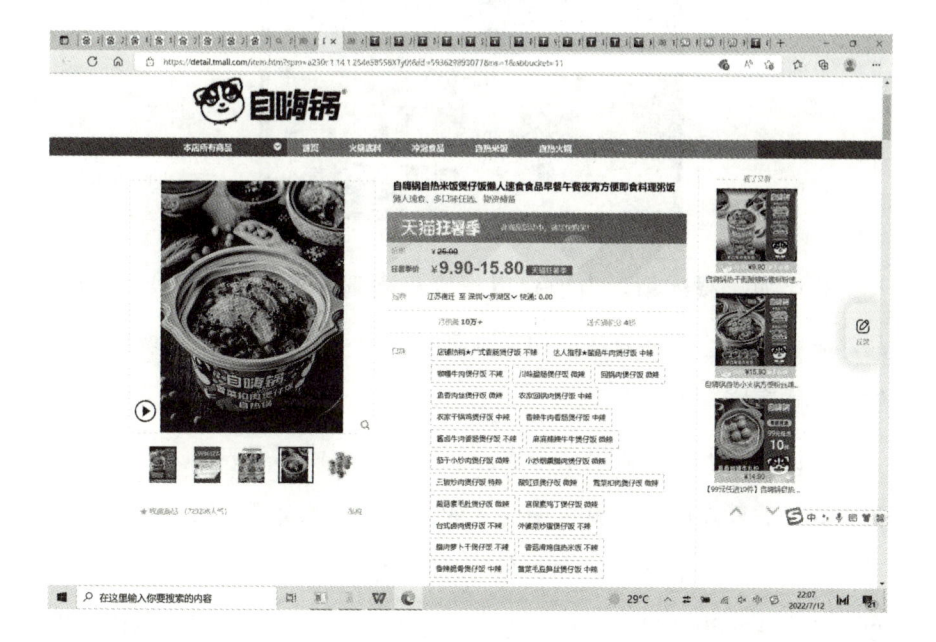

比如自嗨锅，其实就是自热米饭，打开后倒点水就自热了，原来主要是军用，后来民用化了。自嗨锅有多种口味，消费者想吃的时候随时随地可以吃，如在高铁上、在露营的户外。自嗨锅其实就是场景的变革，原来得去饭店吃，现在可以随时随地吃。

再比如车载冰箱。当消费者把厨房搬到户外时，就需要这种产品。车载冰箱这个细分赛道的需求有很多种，比如能冷冻、收纳空间够大、能防撞、很稳定等。

再比如小天才可摘电话手表。当商家发现使用手表的人有多场景需求时，它就发明了一款可摘的、能一分为二的电话手表。商家认为手表不应该只戴在手上，可以摘下来当相机用、可以拍试题找答案、可以拿在手里当对讲机、可以做定位追踪等。小天才进行了电话手表使用场景的创新，使得这款电话手表卖得非常火。

类似的例子还有：一次性浴巾，用于家庭之外；旅行茶具，用于旅行途中。这些产品都是因新的使用场景而生的。

具体来说，我们怎么在场景上做升级呢？下面介绍五个步骤：

（1）假设你的产品要被消费者带到其他场景；

（2）猜想你的产品会有哪些不匹配场景的缺点；

（3）思考对应的场景中应该出现什么样的产品；

（4）围绕这个场景，思考客户核心的诉求是什么；

（5）场景跨界组合新的产品。

作业：请思考客户将在多少个场景中使用你的产品，有没有创造新品的可能性。

十二、时间特别：微创新 + 微升级

突出产品生产过程中对时间的特殊要求，可以让消费者产生一种感觉，觉得特殊时间生产的产品是特殊的、有价值的。所以把产品放在特定的时间里进行赋能，是常用的一种产品升级方法。

比如阿芙精油。它有一款玫瑰精油，卖得很贵，价格接近国际大品牌了，原因是它用的是保加利亚的玫瑰，而且不是一般时间点的玫瑰，是凌晨4点到9点完成采摘的玫瑰，这个时间段太阳不会照射这个玫瑰。用这个时间段的玫瑰酿出来的精油的纯度和滋润度，都和一般的玫瑰精油不一样。

比如平阴玫瑰花茶，也使用了时间上创新的方法。它使用的玫瑰是花农凌晨3点起来采摘的，而且要采摘最嫩的那一朵。它告诉消费者，只有这样的玫瑰花茶才是适合女性的，才是口感独特的。

比如厨邦酱油。它有一个特别熟悉的广告语：晒足 180 天，而且它的广告宣传片里有图有真相。它塑造的就是时间上特别的差异化。

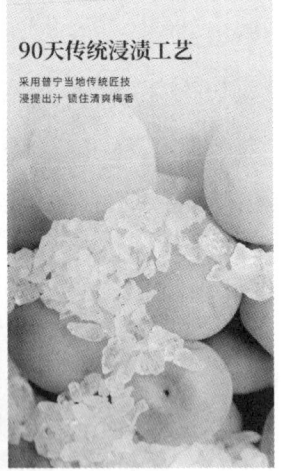

比如梅见青梅酒。它告诉消费者，它采用的是4月中下旬的梅子，大小正合适，而且在20天之内采摘完。它用30天控温发酵的基酒，再经过90天的传统浸渍工艺。它讲给消费者的都是时间特点，因为这些时间特点而使得它的青梅酒具备不一样的口感。

很多产品的差异化都是在时间上找的突破口。具体来说，我们怎么在时间上做升级呢？下面介绍四个步骤：

（1）列出产品生产流程中的所有生产时间；

（2）列出产品生产的关键时间；

（3）明白关键时间与产品价值之间的连接；

（4）给关键时间寻找合适的文字表述。

作业：列出你们产品打磨的重要时刻，并思考如何赋能到产品上。

十三、地域特别：微创新 + 微升级

> 橘生淮南则为橘，生于淮北则为枳。产品的出身决定了产品的身份，对于产品地域独特性的塑造也能让消费者感受到产品的差异性。
>
> ——大圣老师

地域特别同样能使得消费者对这个产品另眼相看。因为在消费者的心中，地域特别就意味着产品的出身特点，他会觉得这个地方生产的产品就比其他地方的好。比如羊肉，消费者普遍认为内蒙古和新疆的羊肉比其他地方的好。

举个例子。蜂蜜这种产品，本身来讲同质化特别严重，市场是一片红海。很多蜂蜜商家的宣传图都是养蜂的人，看起来非常质朴，没在蜂蜜里添加任何别的东西，这样的蜂蜜没什么特殊之处。

有一种蜂蜜叫崖蜜，宣传的是它的地域特点。它告诉消费者，它的蜂蜜是悬崖上的蜂蜜，这个蜂蜜的结晶体和一般的蜂蜜不一样，是六面体的结晶体。这种蜂蜜的口感很独特，营养丰富，吃一罐崖蜜相当于吃很多瓶燕窝。

崖蜜商家拍了蜂农在悬崖上采蜂的图片，我们可以看到他的脚下是万丈深渊，整个图片给人的感觉很震撼。看到图片的人自然会想，悬崖上的蜂蜜一定很特别。

悬崖的地理位置很独特，它昼夜间的温差比较大，悬崖上的蜜蜂产出来的蜂蜜里所含的微量元素不一样。而且这些蜜蜂能飞到悬崖上产蜜，说明这些蜜蜂也不是一般的蜂。

商家给蜂蜜赋予了地域的特殊性，这个产品马上就有了卖点，这就是地域上的创新。

再比如净肤面膜。一般的面膜商家会宣称它的净肤面膜能清洁毛孔里面的螨虫和灰尘，而有一款面膜商家宣称它的面膜的清洁力大到惊人，一次面膜可以达到7重净化，让毛孔变得很细。它用的是亚马孙流域里的一种特殊成分——白泥。历经6400公里亚马孙流域冲刷和千年沉淀，河床上形成的细腻的白泥颗粒，具备更规整分子结构，吸附力更强大。只有亚马孙流域才有白泥，这就打出了面膜的地域特色，因此显得与众不同。

类似的地域特色产品还有很多，比如有一款补水面膜，宣称用的是从仙人掌里提炼出的微量元素，这种微量元素可以提高肌肤水合力，深层锁水。为什么从仙人掌中提炼微量元素？是因为仙人掌生长在沙漠中，沙漠是极其干旱的地方，而仙人掌还能长得绿油油的，说明仙人掌有很强的锁水、存水功能。这款面膜就是在地域上做了创新。

具体来说，我们怎么在地域上做升级呢？下面介绍八个方面：

（1）配方成分来源的地域特别；

（2）成品正宗原产的地域特别；

（3）生长地势高低的地域特别；

（4）季风气候变化的地域特别；

（5）水陆经纬位置的地域特别；

（6）海拔、土壤、光照的地域特别；

（7）操作环境险恶的地域特别；

（8）标准来源的地域特别。

不管什么地域特别，最终的目的都是把产品塑造为品质更好、功效更强、价格更优、出身更正宗的优质产品。

作业：请思考你的产品有没有地域性升级的可能性。

十四、文化艺术：微创新 + 微升级

随着抖音、小红书等内容平台的发展，未来产品在文化艺术方面的创新会越来越多。给一个产品赋予某种艺术属性和文化属性，往往能够使产品变得与众不同，并提高价值。而且，客单价越高的产品，消费者越关注它的文化艺术层面。

文化艺术的唯一性和独特性导致产品形成自己的壁垒，比如 8 个大师做的小罐茶，就具有文化属性，这种文化的植入让这个茶具有了独特的壁垒。

在化妆品市场，国际品牌占有极大的市场份额，中国的化妆品公司如果在成分、功效上找突破点，是很难成功的，只能另辟蹊径。花西子就是一个国货品牌，它在文化上下了功夫，它的产品形状设计、包装设计、宣传文案等既有对中国传统文化的继承，又有与现代文明的融合。

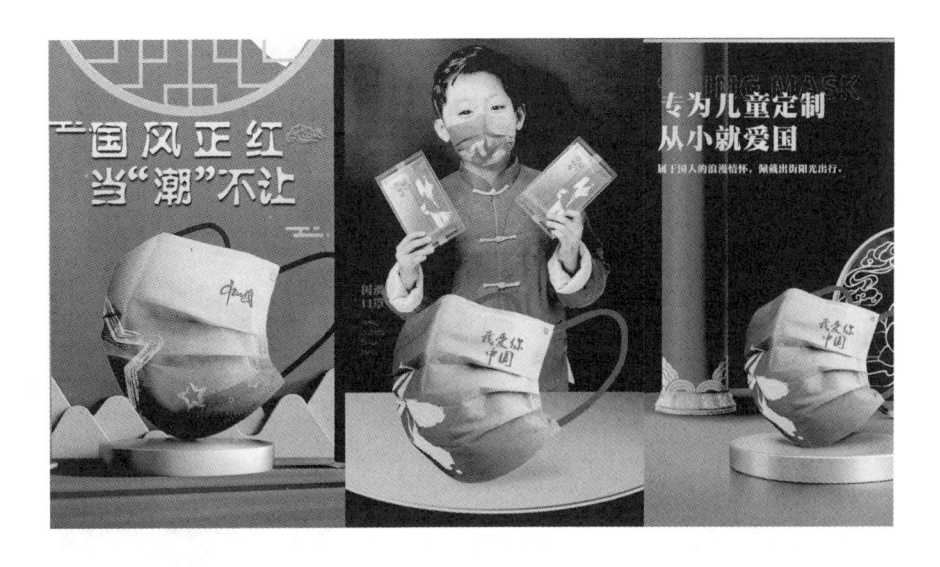

有的商家给产品增加了爱国的文化属性，比如印着"我爱你中国"字样的红色口罩，在国家的重大节日里，卖得非常好。

在摆件或挂画市场，很多商家给产品融入了美好的寓意，比如挂画里植入算盘珠宝，意为算盘一响，黄金万两。这些美好的寓意同样是文化属性。

比如筷子，有的商家给筷子植入了文化属性，不仅筷子设计得很唯美、很有寓意，而且广告语也很有美感，比如"好筷子夹起人间烟火气"。

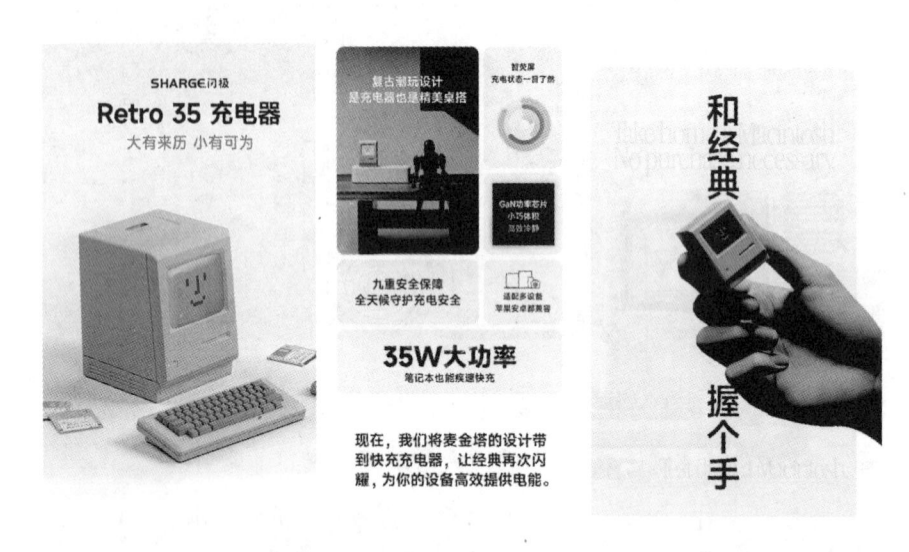

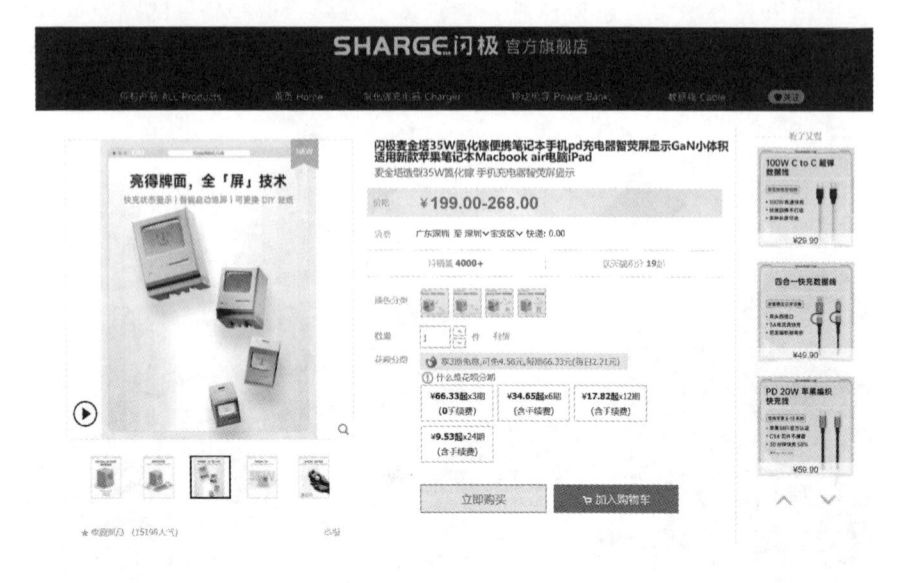

再比如小小的手机充电器，因为加入了复古的文化因素，就卖得特别贵、特别好，月销 4000 件。它的广告语"和经典握个手"非常

有创意，能激发消费者的复古情怀。

文化是可以感染人的，当产品有了文化属性，就会吸引爱好同类文化的消费者，而使用这个产品的消费者也会自我感觉高雅起来，这就是文化属性的魅力。

具体来说，我们怎么在文化上做升级呢？下面介绍六个步骤：

（1）找出你产品的目标人群；

（2）列出这个人群喜欢的各种文化；

（3）采用"产品+A文化策略"；

（4）采用"产品+B文化策略"；

（5）采用"产品+C文化策略"；

（6）列出效果不错的文化元素，并植入产品。

作业：请思考怎样给产品植入文化艺术元素。

十五、发明创造：微创新+微升级

> 人们对于新事物充满着好奇与期待，新发明新创造，总是能让消费者产生体验欲望，甚至愿意花高价去体验。
>
> ——大圣老师

使用这种产品升级方法的企业，往往一出现就能做到行业老大，要么占领客单价的制高地，要么占领品类的制高地。为什么这种方法这么有效果？因为人只活一次，人活着就是为了体验，所以愿意去买那些未知的东西体验它。

比如白小T是做T恤衫的，体量很大，为什么能做那么大？原因是它发明了一种面料，叫疏水材质，可以防水、防果汁、防饮料。它通过防污渍T恤这个切入点，发展成为T恤市场的老大。

再比如内衣品牌素肌良品，它创造了一种果冻条内衣，它的内衣没用钢圈，而是加了一种特殊的东西，叫果冻条，既可以智能软支撑，防下垂，又有种半液态手感，穿着舒适。

再比如暴汗服，它能快速在体表形成热循环，让你运动时汗流不止，这个发明受到了消费者的追捧。

有的商家特别会创造概念，比如分仓式内衣、内裤洗衣机，消费者洗什么衣服用什么仓，虽然卖得很贵，但卖得特别好。

具体来说，我们怎么在发明创造上做升级呢？下面介绍五个步骤：

（1）以科技感和智能化为思考原点；
（2）思考本行业产品如何变得微智能；
（3）思考本行业产品如何变得互动社交化；
（4）思考如何升级产品的功能实现方式；
（5）制定自己行业的产品创造方案。

作业：搜集足够多的各行业的新产品，用来作为参考。

十六、颜值设计：微创新+微升级

"95后""00后"生活在物质极其丰富的时代，他们更喜欢好看、好玩、有趣、有精神感受的产品。他们对产品的颜值要求很高，未来会诞生更多的新外观、新概念、新材质、新功能的产品。

你把产品做得很有颜值，会快速地吸引消费者的注意力。在电商界，注意力就是钱，你能够吸引到消费者的注意力，你就能够赚到钱。漂亮和精致的东西具有可视化价值，能使产品具备看得见的差异化。

举个例子。清洁剂产品属于老品类产品，竞争很惨烈，但其实也有很大的发展空间，靠的就是颜值的升级。这个行业的传统产品要多丑有多丑，价格战打得厉害，但有的高客单产品就很漂亮，卖成了爆品。

消费者会为颜值埋单。颜值高的产品有个性，有差异化，比传统产品更吸引消费者的注意力、更受消费者欢迎，在平台大促时会表现得非常出色。

图中的 KOJA 地板清洁剂的外包装的颜值很高,看起来非常独特,看起来更像护肤品,用护肤品的标准来做清洁剂,那一定能做成功。

一个外包装的升级就可以给产品带来巨大的市场爆发力和利润。有的茶盘的颜值很高,所以价格即便很高,还是有人买来自己用,或者送人。喝茶的人用漂亮的茶盘喝茶,会感觉茶叶都值钱了。

再比如泡脚桶,有的商家把泡脚桶做得非常漂亮、非常有档次,很多头部网红愿意为它代言,可以卖到五六百元,一年能做两三亿元。

还有一种便携式茶具，做得非常漂亮，你不用怎么砸钱推广，它的点击率、转化率都比别的产品高，而且稍微一推广，就可以快速地在小红书、抖音里获得流量，卖得供不应求。

具体来说，我们怎么在颜值设计上做升级呢？下面介绍七个步骤：

（1）学习色彩搭配学；

（2）学习美学；

（3）让自己的产品非标准化；

（4）思考如何不写一个卖点就让客户对产品产生兴趣；

（5）多看一些高客单的产品；

（6）多看一些非标品；

（7）重新思考你的产品应该长成什么样。

作业：站在非标化和视觉审美的角度，思考怎样创新自己的产品。

十七、色彩设计：微创新 + 微升级

> 越容易产生视觉疲劳的行业，越容易通过色彩升级方法实现突围。思考一下扫地机器人能够在色彩上做什么突破？
>
> ——大圣老师

人是视觉动物，是首先看到，然后再想到。人是因为先看见才相信的。基于这样一个逻辑，我们在产品的色彩设计上就要多花心思，要学会色彩的运用，比如红色的东西让人兴奋，黑色的东西让人压抑。

色彩是情绪、感觉、卖点、氛围，色彩要准确地表达产品的价值、个性、灵魂，色彩要和产品的卖点关联起来。适合的色彩自带一种氛围感，可以使产品变得突出，和别的产品形成明显的区别，能抓取消费者的注意力，刺激消费者尝试这个产品。

市场上的饮料品牌各有自己的品牌色。比如听装可口可乐的易拉

罐是红色的，红色代表什么？代表激情，代表爽，代表快乐，代表跳跃，代表刺激。所以当我们喝了可口可乐后，会觉得很爽。雪碧的颜色是绿色，绿色代表清凉。红牛的颜色是黄色，黄色可以提神。

喝啤酒的时候要干杯，要炫一个，所以有的啤酒品牌用红色，代表激情、快乐。有时一个人在深夜寂寞地喝啤酒，那就喝黑色瓶子的啤酒。黑色代表高贵、代表孤独、代表深邃。

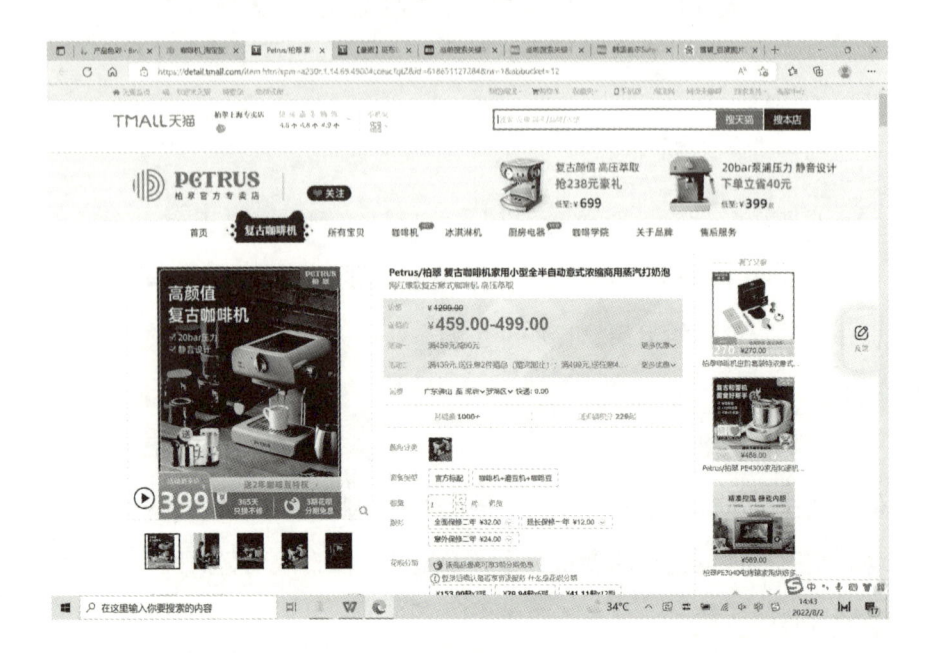

市场上有一款咖啡机用了薄荷绿色，女人一看就喜欢。这个产品

在市场上快速崛起，卖得贵还卖得好。这个商家用色彩感制造了咖啡机的差异化，在中客单产品、高客单产品行列都做到了第一。

很多商家不重视色彩的运用，不是黑的就是白的，难道就不能用别的颜色吗？越容易产生视觉疲劳的行业，越容易通过色彩升级方法实现突围。

具体来说，我们怎么在色彩设计上做升级呢？下面介绍五个步骤：

（1）统计行业大多数产品的色彩类型；

（2）思考同类别的跨行业产品的色彩类型；

（3）大胆使用反差颜色呈现产品；

（4）通过图片展示出来，放在电商列表中；

（5）看看产品能否从色彩上突破。

作业：站在色彩差异化的角度，思考自己的产品能否差异化。

十八、风格设计：微创新 + 微升级

> 一种风格就是一种人群，变一种风格就是多一种人群选择，要么有利于提高人群精准度，要么有利于拓展人群，形成统一的风格体系，让产品看起来有品牌的感觉。
>
> ——大圣老师

风格是一个氛围、一种场景、一种感觉，虽然说起来很玄又很虚，但确确实实能帮助我们转换场景、挑选用户。对于非标品来说，一定会统一风格，因为它很难在产品上做统一，所以会在风格上做统一。很多产品，在呈现的时候会有很多种风格，不同的风格吸引不同的人群，让消费者自己对号入座。

有些电商会采用一盘货多店铺模式，可以实现产品的错开、价格段的错开、风格的错开。如果产品无法错开，那就错开风格。

举个例子。无痕文胸有风格吗？答案是有，而且有的商家会通过

拍摄手法呈现很多种风格。有的呈现艺术风，看起来比较有气质、比较尊贵、比较典雅。有的呈现青春风，看起来青春靓丽。有的呈现时尚风，看起来很时尚、很流行。有的呈现科技风，看起来超有科技感。有的呈现甜美风，看起来甜美有活力。有的呈现国际风，看起来很冷酷、很高端。有的呈现性感风，看起来很性感。有的呈现梦幻风，看起来像太空中的女神。

比如袜子，你可以把它表达得有工业风、有居家风、有现代风、有简约风，每一种风格都对应一个消费场景。

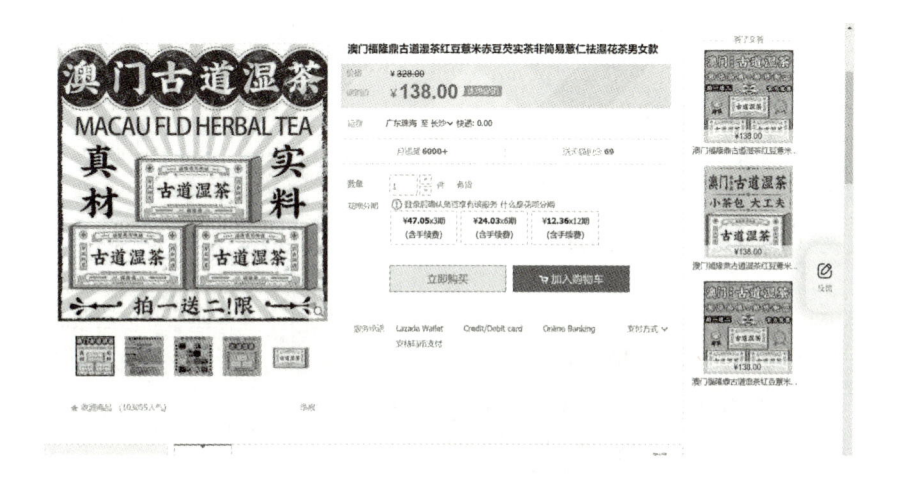

再比如红豆薏米粉，市场上普遍是用罐子装，有个商家的红豆薏米粉采用古代药材的包装，呈现出地地道道的复古风、香港风，给消费者完全不一样的感觉，它的价格卖得很贵，且销量不错。

风格是对我们产品的表达，风格是购买环境、气氛烘托，它会让产品的消费人群发生改变。通过改变产品的风格，把它变得有科技感、简约感、工业感，使得产品的消费场景发生变化。这种风格创新的产品更能够实现品牌的突围，更能够让消费者发现它。

风格的创新经常要反其道而行之，即本着做什么不像什么的原则去创新风格，否则你做的产品和同行的产品没有差异化。如果你们行业常用的风格是工业风，那你就把产品的风格改变为时尚风；如果行业常用的是时尚风，那你就用其他风格。

有这样一句话：独创风格难度高，紧盯趋势有必要，跨行借鉴多参考，时尚轮回转着跑。风格可以跨界，工业风、简约风、禅意风、嘻哈风、国潮风、艺术风等可以混搭，最终让店铺的风格成为最好的样子。当然对于非标品，如果你的风格已经固定在消费人群心中，而你并不想换人群，就不要轻易地换风格，因为换风格等于换人群。

具体来说，我们怎么在风格设计上做升级呢？下面介绍六个步骤：

（1）首先罗列自己行业的常用风格；

（2）本着做什么不像什么的原则，进行风格跨界；

（3）产品+风格A；

（4）产品+风格B；

（5）产品+风格C；

（6）思考整店风格发生变化后是否有违和感。

下面是各种风格的集合，可以作为参考。

国潮风、复古风、极简风、环保风、慵懒风、抽象风、禅意风、沙雕/搞怪风、二次元/动漫风、建筑风、雕刻风、手绘风、混搭风、萌宠风、奢华风、前卫风、自然风、机械风、未来风、科技风、女王风、少女风、辣妹风、御姐风、纯欲风、学院风、童话风、酒店风、夜店风、工业风、原木风、北欧风、新中式风、田园风、浪漫风、军旅风、最炫民族风、波西米亚风、非主流风、透明风、夏威夷风……

作业：思考自己行业的风格，找出差异化风格突围的案例。

十九、开箱体验：微创新＋微升级

> 产品的包装和开箱体验，也是产品的重要价值升级锚点。好的包装和开箱体验，会让消费者觉得产品尊贵，值得拥有。
>
> ——大圣老师

开箱体验是客户召回力，是非常重要的一件事情。消费者在买这个商品的时候，面对的是一堆同质化的商品，对你的商品还没有特别强烈的印象，但收到包裹的时候，他面对的是唯一的商品，你给消费者带来什么样的开箱体验会直接影响他对你的印象。如果印象特别好，他会成为你店铺的粉丝，复购你的商品，甚至他还会晒图发朋友圈。

包装是第二产品力，当你的产品没有什么升级空间的时候，换换包装，给消费者一种新的开箱体验，也是让产品焕然一新的方法。

产品换包装，就像人换新衣服一样，一个人换新衣服的时候是最期待的，换包装要的也是这种感觉。

如果产品卖得贵，那就应该让用户连续打开 3 次以上包装再看到产品，让他有种通关的感觉，如果一打开就看到产品，那么这个产品的价格在用户心中不会高。

什么样的开箱体验才是好的？

1. 有惊喜

惊喜就是稀缺感，就是别人没做，你做了；用户没要，你给了。别人做了，你也做，那叫义务；别人没做，你做了，让用户觉得很舒服，这才是让用户惊喜的服务。

2. 有用处

用户打开包装以后，把你送的东西都留下了，这说明他觉得有用处。这些有用的赠品会让用户暖心，从而留下深刻的印象。

3. 有意义

对用户来说，如果你的包装是有个性的、有纪念意义的，符合他的某种心境的，那么他就会对你印象深刻。

4. 有炫欲

如果用户拆完包装后，有炫耀的欲望，愿意发朋友圈，愿意向别人推荐，那么它就是一次好的开箱体验。

5. 有拔高

好的开箱体验能拔高产品，能产生溢价，能让用户去关注店铺的名字，能收藏店铺，能让用户去浏览店铺的其他产品，能够带来复购。

有款面粉叫王后软白低筋粉，它的包装是一种欧式的感觉，联想到欧洲的烘焙，会让人感觉它的面粉和普通的面粉不一样。再比如牙膏，上图中的这款牙膏做成了护肤品的感觉，你会觉得它肯定很贵。

有一个卖男装的店铺，它的包装很讲究，除了包装精美以外，还附带一个档案，让消费者产生一种自己是商家 VIP 客户的感觉。我向

学员展示过这两张图片,并问学员他们觉得这款衬衫应该卖多少钱。很多学员觉得要卖 500 元以上。但这款衬衫的生产成本可能不足 50 元,但它因为这样的包装,产生了 10 倍以上的溢价。如果这款衬衫只卖 299 元,那它能卖成爆款。

开箱体验好比你经过很长一段路才到达目标餐馆,然后你会对这个餐馆的菜品充满期待,会觉得很香。好的包装加上好的开箱体验,能够让产品获得点击率,能够让消费者觉得产品有价值,值得拥有。我们在拍摄产品图片和包装图片时,要把最好的开箱体验的那种感觉拍出来。

好的包装是在增加成本,当你的同行价格很低时,它就做不出这样的包装,你的产品就会变成独特的产品。

具体来说,我们怎么在开箱体验上做升级呢?下面介绍五个步骤:

(1)买一些高客单价产品,感受其开箱体验;
(2)整理包装设计网站和公众号;
(3)思考自己的产品用什么包装;
(4)希望让客户有何种开箱体验;
(5)思考包装如何获得点击率。

下面是各种包装组合的思路,可以作为参考。

包装组合

把童趣融入包装	把文化融入包装
把神秘融入包装	把生活融入包装
把功能融入包装	把回忆融入包装
把场景融入包装	把科技融入包装
把趋势融入包装	……

作业:如何理解包装是第二产品力,开箱体验是客户召回力?

二十、附加服务：微创新 + 微升级

> 服务是产品的额外增值点。附加服务更能凸显产品的温度、建设品牌的人设，进而建立产品的竞争力。
>
> ——大圣老师

有一个童鞋品牌做得风生水起，它提供一种服务：用户只要把孩子的童鞋刷干净寄给它，它就可以提供给用户一个独特的折扣来买它的童鞋。为什么要刷干净的童鞋？因为它要做公益，想把宝宝穿不上的童鞋送给贫困山区的孩子们。如果鞋子刷得很干净，它就以用户的名义寄给贫困山区的孩子。

通过这个服务，用户觉得自己参与了公益，而且下次买鞋获得了优惠，品牌创造了自己的知名度，让消费者更愿意买它的鞋。它的这个服务，形成了一个连环式的营销闭环，非常成功。

附加服务能让产品变得有人设感、有 IP 感。我们可以通过服务的

差异化来实现产品的与众不同，或者增强产品的卖点。高客单价的产品可以尝试通过服务的叠加来进一步强化产品的差异化。

我有一个卖胡桃木家具的学员，很多人买胡桃木家具的时候会问他：为什么你的家具比别人贵？他嘴上讲他的家具如何如何好，客户根本感受不到，所以他就提供了一种服务：来回飞机票和吃住全包，让客户参观他的工厂。一般买胡桃木家具的家庭条件是可以的，虽然客户不一定真去，但他的这个服务让客户觉得他的产品质量信得过。

具体来说，我们怎么在附加服务上做升级呢？下面介绍四个步骤：

（1）了解所在行业里有哪些好的服务；

（2）了解其他行业有哪些好的服务；

（3）思考自己能提供什么样的服务；

（4）预测自己的服务能带来什么效果。

作业：请思考你如何进行服务升级。